東信堂ブックレット①

迫りくる危機
『日本型福祉国家』の崩壊

北海道辺境の小規模自治体から見る

北島 滋 著

東信堂

増毛町街中風景

②

音威子府村風景
おといねっぷむら

音威子府村ホームページより転載

下川町街中風景
しもかわちょう

下川町ホームページより転載

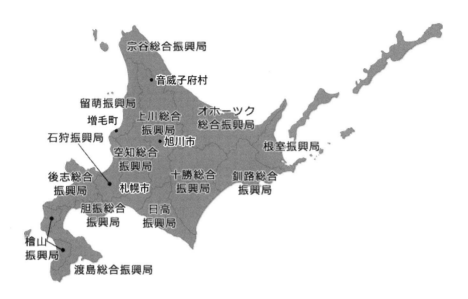

北海道の 14 行政区画

北海道庁ホームページより筆者が加筆修正

④

2020 年 10 月 1 日（推計人口）vs 2015 年 10 月 1 日（国勢調査人口）				
#	総合振興局／振興局	減少率（%）	2020 年（人）	2015 年（人）
1	檜山振興局	-11.89%	33,364	37,870
2	留萌振興局	-10.43%	42,914	47,912
3	空知総合振興局	-8.82%	281,130	308,336
4	宗谷総合振興局	-8.75%	61,596	67,503
5	日高振興局	-8.66%	63,037	69,015
6	後志総合振興局	-7.80%	198,706	215,522
7	根室振興局	-7.11%	71,169	76,621
8	オホーツク総合振興局	-6.71%	273,836	293,542
9	渡島総合振興局	-6.60%	378,069	404,798
10	釧路総合振興局	-6.37%	221,440	236,516
11	胆振総合振興局	-5.26%	380,615	401,755
12	上川総合振興局	-4.95%	478,535	503,458
13	十勝総合振興局	-3.34%	331,948	343,436
14	石狩振興局	0.87%	2,396,103	2,375,449

北海道総合振興局／振興別人口・人口増減率

都道府県市区町村ランキングデータより転載

はじめに

　本書は北海道北部地域にある小規模自治体の福祉施策と財政の関係を軸に
分析したものである。住民生活にとって、自治体は生活の最後の砦であり、
自治体は血管、福祉財源は血液に例えることができる。住民の生活にとって
小規模自治体の財源が先細りすることは住民生活の基礎が壊れることを意味
する。小規模自治体の定義はないが、少なくとも 1 万人未満の人口数の自治
体は 2019 年 1 月段階で全体 1721（市区町村、政令指定市 20 を除く）の自治体数
の内 512、29.8％を占めている。やや広げて 3 万人未満の自治体数は 958 で
あり、全体の 55.7％である。この 3 万人未満の自治体を小規模自治体といえば、
ほぼ納得を得られるのではないか。ここでの分析の対象は約 30％に属する 1
万人未満の自治体である。もちろん小規模自治体が好き好んで小規模になろ
うとしたわけではない。基幹産業の衰退の多くは農林漁業等の、そして鉱業
であり、その自治体の多くは国家の農林業等の産業政策に翻弄されてきたの
であるが、その結果労働市場の縮小・人口減少・少子高齢化という負のスパ
イラルであり、しかも現在進行形である。小規模自治体はこの事態に有効な
手立てを持ち得ていない。
　全国の辺境に布置する自治体の人口減少は上記の負のスパイラルに加えて、
我が国の統治構造（中央集権システムによる国家レベルの中枢管理機能が東京に集
中）に引っ張られて生産労働力人口を東京圏・大都市圏に供給する市場でも
あった。本書はこの構造を明らかにしつつ、北海道に焦点を当てる。札幌市
は地域レベルの中枢管理機能が存在することにより、札幌圏に旭川市を含め
た各市町村が札幌圏への生産労働力人口の供給市場になり、かつ札幌圏が東
京圏への生産労働力人口の供給市場になるという連鎖構造になっている。こ
の点も本書が明らかにする課題である。
　小規模自治体の人口、産業等が縮小しても住民の生活を守ることができれ
ば問題はない。しかし高齢化の伸展する小規模自治体にとって、住民、高齢

者、障害者等の生活を守る基盤は財政である。この財政の状況と福祉施策との関連を、対象とした小規模自治体で生活を守る余力があるのかを分析した。結果としては、既に限界点のところに来ていることを摘出した。

　小規模自治体の財政力が弱体化している中で、北海道庁（県に相当する）、国家による小規模自治体への福祉財源の支援は十分に行われているのか。小規模自治体は命の綱である地方交付税の多くを福祉財源に充当している。国家財政の窮迫、同じく北海道庁の財政の弱体化（自主財源は30％とという状況）により、小規模自治体への福祉施策への財政支援は先細りであり、したがって自治体独自の福祉施策はすべて自己負担になる。この状況ではおいそれと新たな福祉施策を打ち出すことは困難となる。それでも、小規模自治体は、住民の生活を守るために住民の新しいアイディアに基づく大胆で斬新な福祉施策を立ち上げ、実施している。この点は本書でぜひとも明らかにしたい。

　辺境の小規模自治体を分析する中で、住民・行政は新たな協働の社会生活の仕組みを創りあげている。これは厚労省が上から目線で政策的に創りあげようと躍起になっている共生社会の形成である。小規模自治体はすでに先取り的に共生社会を創りあげている。そうしなければ小規模自治体と住民生活がもたないからである。辺境にある小規模自治体と住民の生活は、厚労省の絵に描いた餅とは異なり、新たな共生社会のステージに入ったことを明示している。しかし、新たなステージに入った共生社会は住民と行政の協働によるやむをえざる選択であったともいえる。福祉財源等の支援がなければ、小規模自治体は福祉財源という血液が途絶えて〈壊死〉状態になる。言い換えれば、このまま国家が放置すれば、日本型福祉国家の末端からの壊死＝崩壊が始まる。〈令和の大合併〉で小規模自治体をなくせばこと足れりという問題ではない。事態はなんら変わらないからである。

　国は1100兆円を超える累積債務を抱えている。しかもコロナ禍が財政状況を一層悪化させている。コロナ問題という特殊な状況にあるとはいえ、これまで債務の増加を放置してきた政権与党の責任はまぬがれない。まさに財政のモラルハザードここに極まれり、である。国家財政の窮迫は大都市圏以外の道府県に多大の影響を与える。そのことは同時に小規模自治体により大

きなバイアスがかかった形で影響を与える。そうであるからこそ国家財政の健全化は急を要する。しかし5年や10年で解決する問題ではない。100年超の長期計画を必要とする。そのような事態において、国は財政の窮迫により小規模自治体の〈壊死＝日本型福祉国家の崩壊〉を黙って見過ごすのかどうかである。この崩壊は約30％近い小規模自治体から始まり、壊死はすぐに人口3万人未満の小規模自治体（55.7％）に拡大し、体の半分以上を切断することになる。この事態を回避する方法は本当にないのかを最後の章で明らかにする。政府はコロナ禍で国民に〈不要不急のことは回避せよ〉と主張しながら、国家財政による多くの政策が既得権益を保護している事態を放置し、しかも市場主導型（＝新自由主義）という名の大企業優先の政策を推進している。この状況を抜本的に改善すれば、厚労省の予算の自然増の約60年分は捻出できることに言及する。国家が消滅しても社会・市民・住民は残る。しかし単に残るだけではだめなのであって、市民・住民生活が従来と同様に滞りなく営まれる必要がある。あえて言えば、憲法25条の生存権だけではなく、13条の幸福追求権の実現がなければならない。以上が本書で明らかにすることであるが、同時に増毛町、音威子府村を含む全国の小規模自治体の応援の書でもある。

目次／迫りくる危機 『日本型福祉国家』の崩壊——北海道辺境の小規模自治体から見る

迫りくる危機　『日本型福祉国家』の崩壊

—— 北海道辺境の小規模自治体から見る ——

1. 本書の課題

——小規模自治体の地域福祉と日本型福祉国家の危機との関連で

　本書は旭川市、下川町、増毛町、音威子府村の財政と福祉施策の調査に基づいている。但し本書の分析の焦点は増毛町と音威子府村という小規模自治体においている。したがって旭川市、下川町の調査データは上記小規模自治体を補完するものとして位置づけられる。調査の当初の問題意識は、2005年から厚労省によって提起された地域包括ケアシステムが大規模自治体、小規模自治体でどのように実施されているのか、そこでの課題は何かを、比較の視座からを明らかにすることにあった。地域包括ケアシステムに注目した理由は、実施主体である地域包括支援センター（行政）を中心に、在宅介護・福祉・医療・予防を実施し、併せてそれら施策の一端を担う地域組織を包括する（＝つなげることによる地域共生社会の形成）地域包括ケアシステムが、財政的に困窮する国家による〈地域への丸投げ政策〉ではないのか、という問題意識を検証することにあった。筆者は、地域包括ケアシステムそれ自体が国家による福祉介護・社会保障政策の〈調整の失敗〉と考えていたからである（北島滋、2017，2018、旭川大学短期大学部）。

　換言すれば、多分野にわたり縦横にめぐらされた国家税制に基づく税収が、市場原理優先の経済政策等（新自由主義成長戦略一辺倒）を重視する財政政策のため、国家による所得再分配機能が弛緩し（弛緩させたというのが妥当であるが）、社会福祉・社会保障に配分する財源不足により、日本型社会福祉国家から撤退を余儀なくされているのではないのか。社会福祉・社会保障に限らず全体的な財源不足はすべて赤字国債で補填されてきたが、その累積債務が2020年度において既に1,100兆円を超過していることは周知の事実であ

る。筆者はこの事態を、日本型福祉国家崩壊の危機と呼称したい。本書は財政とそれに関わる所得再分配機能の視点を重視するが故にここでは日本型福祉〈社会〉とは呼ばず、〈国家〉とした。日本型社会福祉社会あるいは国家の規定については、社会学の分野では日本型福祉をマクロに論じた者は武川正吾であろう。筆者は武川の存在論的福祉国家に着目したい。彼は給付国家としての福祉国家（社会支出の低さと公共事業の支出の高さ）と規制国家としての福祉国家（経済規制の強さと社会規制の弱さ）の両義性に着目して福祉国家の日本レジームを論じる（武川正吾、2010、東京大学出版会）[1]。彼の論理は極めて鋭いが、それを実証データで裏付けているわけではない。本書は、武川の論じる福祉国家の日本レジームのその後を財政面からの機能不全として実証的に補完することでもある。

　本書の分析の方向を、社会学の視座からの〈日本型福祉社会〉論を一方で射程に入れつつ、他方で、二宮厚美を中心とした福祉国家構想研究会編の『福祉国家型財政への転換』（2013、大月書店）の問題意識とそれに基づく方法・論の展開に依拠したい。なぜなら経済学あるいは財政学的視座と方法を組み込まないと、財政的に脆弱なそれぞれの小規模自治体の歳入・歳出予算と福祉関連予算の窮迫が国家による地域福祉の〈丸投げ政策〉の結果であり、曳いてはそのこと事態が日本型福祉国家を構成する小規模自治体の福祉施策の〈壊死〉の可能性を示すものであるとすれば、日本型福祉国家崩壊の危機であることの証左となるのではないのか。二宮厚美たちが社会保障制度・福祉の維持の財政的問題点を日本総体の財政政策の視座から論じるのに対して、渋谷博史たちの社会保障論者が福祉・社会保障政策と財政の関連を論じるにしても厚労省の予算〈内〉の議論に終始してしまう。したがって日本型福祉国家が所得再分配機能により十全に維持されているという楽観的結論しか出てこない。事実と異なることもさることながら、日本が抱える財政の問題に言及し、そこから日本の社会保障制度がどのような問題を抱え、持続的維持・拡充が可能なのかという分析は皆無である（二宮厚美・福祉国家構想研究会編、2013、大月書店）（渋谷博史他著、2009、学文社）[2]。

　以上のことから本書で明らかにする課題は、第1に、小規模自治体におい

て、地域福祉施策が当該自治体の財政との関連でどのように実施され、そこでの課題は何か。それらを分析するにあたって、年度別の歳入・歳出予算における民生費それ自体とそこに含まれる福祉施策予算の変遷に着目する。第2に、地域福祉施策の実施において国・道の支出金、補助金はどのような福祉施策に拠出され、その額が変遷しているのか。当該小規模自治体の財政負担分の年度別変遷からそれを明らかにする。第3に、地域福祉施策の実施が今後拡充はできなくても維持されていくのか、あるいは福祉施策の縮小そして実施不能という事態に進むのか。換言すれば、日本型福祉国家を構成する末端の自治体の〈壊死〉が進んでいくのか、を検証する。

　地域包括ケアシステムを含む地域福祉施策の多くが当該自治体の財政負担によって担われており、前記した3つの分析課題が相互に関わらせて摘出できれば、国家による〈地域福祉の丸投げ〉(＝国家の福祉政策からの撤退)が、日本型福祉国家の機能不全(＝危機)が明らかにされると考える。つまり国家の福祉政策からの撤退せざるを得ないほどの国家財政の悪化である。また分析を進める過程で、宮本太郎の逆説的な言説である否応なしに自治体は〈福祉自治体〉になるという事態を、それすら現時点において既に維持できなくなりつつあり、共生社会による福祉の維持という新たな段階に移行しつつあるのではないのか、という課題も提起できるのではないかと考える (宮本太郎、2017、岩波書店)[3]。

福祉・医療・介護関連国庫補助金・財源拠出　➡　福祉・医療・介護関連道庁補助金・財源拠出　➡　自治体
　(1) 国から指定された福祉・医療・介護施策への財政拠出　➡　地元社協等への事業委託
　(2) 自治体独自の福祉施策への当該自治体の予算化　➡　地元社協等への事業委託

図1　小規模自治体の地域福祉施策実施のメカニズム

筆者作成

人口減少・高齢化による小規模自治体の運営の危機

2. 少子高齢化の現状と地域

1 全国的な少子高齢化の進捗と東京圏・大都市圏の現状

1) 我が国人口構造の将来予測

　我が国の人口増減の推移を図形的に示せば、1930年がほぼピラミッド型である。これに対して団塊の世代（1947年〜49年生まれ）のすべてが61歳以上になる2010年には、61歳〜63歳の層が飛び出した上の方が膨らんだ花瓶型となっている。他方で幼年人口0歳〜14歳の層が2015年に12.6％、2045年には9.9％と推計されている。したがってこのまま推移すると仮定すれば、2060年には花瓶型から逆ピラミッド型となる。この人口構成になると、ピラミッド型の多子・少高齢化に戻すのは不可能とは言わないまでも途方もない時間とコストがかかる。

　更に言えば、社会・経済を支える15歳〜64歳の生産年齢人口も2015年の60.7％から、2045年には52.4％になると推計されている。この状況を見据えて、社会保障の制度的適用を一考だにせず2019年度4月から外国人労働力の導入に踏み切った。予定導入数は30万人前後といわれているが、定かではない。産業界の〈人手不足〉という近視眼的な必要性に応じてのことだが、技能研修制度とは異なり、実質的な移民政策に踏み切ったと考えられる。国内的には、雇用形態の柔軟化に伴い、経済的・社会的格差が構造化されている。外国人労働力は雇用柔軟型日本人労働力と競合しつつ更なる格差構造を拡大することは明らかである。

8

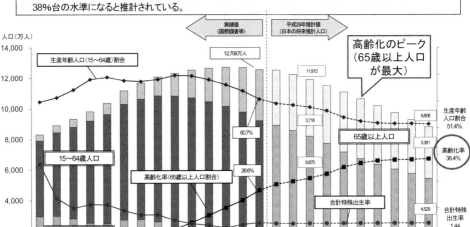

図2　人口の年次推移

(出所) 総務省「国勢調査」、国立社会保障・人口問題研究所「日本の将来推計人口(平成29推計):出生中位・死亡中位推計」(各年10月1日現在人口)厚生労働省「人口動態統計」2017年第1回社会保険審議会年金部会資料より転載

2) 東京圏および大都市圏の人口集積の現況

　大都市圏以外の地域から大都市圏への人口移動が止まらない。日本の人口は2018年12月段階で1億2649.6万人である。大都市圏は次のように都道府県をカテゴライズする。東京圏という区画は法律に基づくものではない。1987年に閣議決定された第4次全国総合開発計画は一極集中を是正することが主要なテーマであった。それを実現する手段として東京圏改造が提起された。

　①東京圏は東京都、神奈川県、千葉県、埼玉県及び茨城県南部(つくば市を中心とした地域)で構成されている。2018年段階で総人口は3,660万人であり、日本の総人口の28.9%を占めている。

　②首都圏整備法に基づく首都圏は東京圏およびその周辺に位置する茨城県(南部知地域を除く)、栃木県、群馬県、山梨県を含む地域が首都圏である。

　この首都圏は首都圏整備計画によって産業、生活各インフラが整備され
てきた。人口総数は、東京圏の 3,660 万人、周辺 4 県の人口 760 万人で 4,420
万人である。日本の総人口の 34.9％である。

③名古屋圏は愛知県、岐阜県、三重県で構成される。その総人口は 1,133.4
万人である。全体で 8.9％である。

④関西圏は大阪府、京都府、兵庫県、奈良県で構成される。総人口は 1,824
万人である。全体で 14.4％を占めている。

　これらを大都市圏と呼び、その総人口は 7,377.4 万人である。我が国では
総人口の 58.3％が大都市圏に居住している。この人口の布置は自然的集積と
いうよりはむしろ中央集権システム、工業化計画等の相乗効果に基づいてい
る。政治行政的集権システムに基づく東京圏への中枢管理機能の集積、太平
洋岸に工業地帯を形成する全国総合開発計画及びそれと関連した様々の地域
工業開発計画の推進である。太平洋側に工業ベルトが形成され、それは同時
に巨大な労働市場の形成を意味する。労働力が産業間労働力移動として現れ
ると同時に地域間移動として太平洋工業ベルトおよび東京圏、名古屋圏、関
西圏に集積した。それが大都市圏に全人口の 58.3％が集中する要因である。
その結果が大都市圏、県庁所在都市以外の中小都市、農漁村及び中山間地域
の人口を減少させ、少子高齢化を同時進行させた[4]。

3) 東京圏および大都市圏の人口のプル要因

　東京圏、大都市圏への人口集積の主要因である中枢管理機能の定義はこれ
まで三菱総研等多くの研究機関で行われてきた。(三菱総合研究所、1983) ここ
では、それらを参照しつつ、これまでの歴史的状況に合わせて、「巨大な情
報量を背景に、権限(強制力を有する指揮・命令、指示・通達等)に基づき他の組織・
機関に対して強い影響力を及ぼすあるいは発揮する機能」と定義したい。も
ちろんここでの影響力は通達を除けば基本的に法に基づいたものである。

　具体的な中枢管理機能は三菱総研が定義する政治的行政的中枢管理機能、
経済的中枢管理機能そして文化的中枢管理機能である。これらの中枢管理機
能は並列に置かれるのではない。日本の政治行政を軸とした中央集権システ

ムという要因を加味する必要がある。そうであれば、政治行政的中枢管理機能を中心に経済と文化の中枢管理機能が布置する。

　政治的行政的中枢管理機能は、立法、執行（内閣の統轄による中央省庁）、司法からなり、いわゆる国家機能である。立法化された政策を企画立案・執行し、かつ他組織・機関に対して監理・監督・許認可権限を有する各中央省庁は巨大な権力機能を発揮する。したがって企業の本社が中央省庁の持つ許認可権限、企画立案等の情報をいち早く捕捉し、本社としての経営戦略を立案・執行するのは、企業間競争に直面している企業としては当然のことである。経済のグローバル化が進展した現在でも、この構造は大きく変わってはいない。東京を含む東京圏に大企業の本社が60％以上集積する要因は政治的行政的中枢管理機能が存在するからである。そうであるが故に、情報収集・分析・発信機能を中心とした文化的中枢管理機能が巨大なデータベースでもある政治的行政的中枢管理機能、経済的中枢管理機能（本社機能）が存在する東京を含む東京圏に集積するのは容易に説明できる。文化的中枢管理機能に含まれる高等教育・研究開発機能もグローバル情報ネットワークが濃密に形成されていても、東京圏から移転することはきわめて稀である。この東京圏への一極集中が是正されない限り、地域創生を法制度化し、それに基づいて全国の自治体すべてに人口増加を前提とした創生計画を立案させても根本が是正されない限り絵に描いた餅に過ぎない。増田寛也の『地方消滅』は、増田自身が我が国の集権構造を自覚して、かつその本で彼にとっての不都合な真実（集権構造の改革）に意図的に触れずに、東京圏への人口流入にストップをかけるべきというのは極めて矛盾した論理である[5]。

2　北海道の少子高齢化と道都札幌市の関係

1) 地域レベルの中枢管理機能の集積と札幌圏への人口集中

　2019年5月31日時点での北海道の人口数は5,281,000人である。2015年の5,381,733人と比較すると100,733人の減少である。人口増加のための施策が現状のままであれば、2045年の推計人口数は4,004,973人である。27年間で

1,334,566 人の大幅な人口減少である。

　道庁所在地である札幌市の人口数は、2020 年 4 月段階で、1,969,686 人であり、道内でも数少ない人口を増加させている都市である。もちろん札幌市周辺の自治体の中にはベッドタウン機能を持つことにより人口増加している自治体もある。それ以外の地域では上川管内の東川町、後志管内のニセコ町くらいであり、比較の年度が 1 年異なるが、札幌市の道内全体の人口に占める比率は 37.3 ％である。札幌圏はすべて石狩管内の 5 市 1 町 1 村から構成され、札幌圏の人口数は 231 万人、43.7 ％である。前記した東京圏が 28.9 ％、首都圏が 34.9 ％と比較すると、札幌市及び札幌圏への人口の一極集中は常軌を逸している。道庁を中心として札幌圏への人口流入の防止策がとられてこなかったとは言わないとしても（地域振興・労働市場拡大という産業政策上）、その施策が人口流入の防止という意味ではほとんど機能しなかったことを示している。

　札幌市になぜ人口が集中するのかという説明は東京圏への一極集中の要因と同様である。道都札幌に、地域レベルの中枢管理機能が集積しているからである。

　第 1 は、地域レベルの政治的行政的中枢管理機能である。立法機能として道議会、企画立案・指導・許認可権限・執行機能として道庁、その出先の地域機関である各振興局の存在である。そして北海道特有の構造として国土交通省の出先である北海道開発局の存在である。北海道の経済が〈土建屋経済〉と揶揄されるのは、道庁からの開発予算と北海道開発局からの開発予算の二つの流れで北海道経済が維持されているという意味である。確かに製造業部門が脆弱で、農林漁業に依存している現状からすれば当たらずして遠からずである。

　第 2 は、地域レベルの経済的中枢管理機能である。福祉分野の分権化が多少進んだとは言え、道庁が持つ許認可権限は中央省庁と比べて限定されている。それでも道庁が持つ情報、そして経済分野の各種施策の推進、また北海道開発局の開発予算は建設関連企業ばかりではなく他の多様な業種にとっても極めて重要である。したがって道内の大手・中堅企業は札幌市に本社機能を置き、道外の大手・中堅企業は札幌市に支社を設置する。道庁、北海道開

発局を中心とした予算・情報の流れは、札幌市以外の道内各地域に立地する企業にとっても大きな意味を持つ。資金・人的に余裕がある企業は札幌市に支店・出張所を置く。札幌市を中心に大きな労働市場が形成され、道内の他地域から若年・壮年の労働力が札幌市に仕事を求めて移動する。したがって札幌市で収容しきれない人口及び多少とも安価な住居を求める札幌市民は周辺の5市1町に移動し、周辺市町はベッドタウン化する。札幌市自体が道内人口の37.3％を占め、周辺5市1町1村を入れると43.7％であり、これには隣接する後志管内の小樽市は含まれていない。もし入れると45.9％になる。

　第3は、地域レベルの文化的中枢管理機能である。札幌市及び周辺市町には多くの研究開発、高等教育機関（これら機関が持つ機能）が布置している。これら高等教育機関が道内外の地域から学生を集め、そのことがまた新たな高等教育機関を増加させる。もちろんこのような高等教育機能の集積ばかりではなく、第1、第2の持つ機能を収集・分析・発信するために情報関連機関（これら機関が持つ機能）も多数集積している。

　前記した3つの地域レベルの中枢管理機能を支えるサービス関連企業も集積する。札幌圏はこれら3つの中枢管理機能の相乗効果により拡大してきたし、現在も拡大しつつある。

2) 道北地域の少子高齢化の現況

　道北地域は旭川市、留萌市、稚内市を中心として、それぞれ道庁の出先機関である上川総合振興局管内、留萌総合振興局管内、宗谷総合振興局管内の3行政区画（道庁による区画）に区分される。道北地域の中心都市は旭川市である。旭川市の2020年4月1日段階の人口は332,610人であり、道内では2番目の都市である。道北地域は42の自治体から構成される。これまでの札幌圏の分析から明らかなように、道北地域の自治体は人口減少に、とりわけ少子高齢化の波に洗われており、旭川市もその例外ではない。

　表1は、社会保障・人口問題研究所『日本の地域別将来推計人口』（2018年）から作成した道北地域42自治体の2015年人口を起点とした2045年の人口推計値である。増田寛也編著の『地方消滅』（増田寛也編著2014、中央公論社）

図3　道北地域の 42 自治体
地方公共団体情報システム機構ホームページより転載

表1　道北地域市町村の将来人口推計

自治体名	2015 年	2045 年	自治体名	2015 年	2045 年
あさひかわ 旭 川市	339605	248360	ましけ 増毛町	4497	1805
るもい 留萌市	22221	9861	おびら 小平町	3336	1457
わっかない 稚 内市	36380	18083	とままえ 苫前町	3265	1216
しべつ 士別市	19914	9895	はぼろ 羽幌町	7327	3646
なよろ 名寄市	29048	18044	しょさんべつ 初山別村	1217	474
ふらの 富良野市	22936	14082	えんべつ 遠別町	2806	1316
たかす 鷹栖町	7018	4906	てしお 天塩町	3243	1398
ひがしかぐら 東神楽町	10233	9379	さるふつ 猿払村	2684	1713
とうま 当麻町	6689	3774	はまとんべつ 浜頓別町	3881	1813
ぴっぷ 比布町	3777	1835	なかとんべつ 中頓別町	1757	679
あいべつ 愛別町	2976	1256	えさし 枝幸町	8437	4365
かみかわ 上川町	4044	1485	とよとみ 豊富町	4054	2051
ひがしかわ 東 川町	8111	6537	れぶん 礼文町	2773	1096
びえい 美瑛町	10229	6146	りしり 利尻町	2303	789
かみふらの 上富良野町	10826	5848	りしりふじ 利尻富士町	2787	1114
なかふらの 中富良野町	5069	2749	ほろのべ 幌延町	2447	1352
みなみふらの 南 富良野町	2555	1380	びほろ 美幌町	20296	11858
しむかっぷ 占冠村	1211	423			
わっさむ 和寒町	3596	1583			
けんぶち 剣淵町	3228	1624			
しもかわ 下川町	3547	1562			
びふか 美深町	4659	2095			
おといねっぷ 音威子府村	832	282			
なかがわ 中川町	1767	736			
ほろかない 幌加内町	1525	582			

国立社会保障・人口問題研究所『日本の地域別将来推計人口（平成 30（2018）年 3 月推計）』より筆者作成

は 2040 年の推計値を使用しているが、確かに道北地域の各自治体が〈無策〉のままで〈推移すると仮定すれば〉、増田たちの主張もあながち虚偽とは言えない。この表 1 は 2015 年を起点としているのでそれ以前の人口の増減を示していないが、道北地域の 42 の自治体のうち東川町を除いてすべての自治体でそれ以前も人口が減少している。東川町の人口増の要因については後述するが、2045 年の時点で東川町を含む 42 すべての自治体の人口は減少している。道内で最小の人口をキャッチコピーにしている音威子府村は 832 人から 282 人に減少し、減少率は 66.1 ％である。道北地域の拠点都市である旭川市もこの例にもれず、339,605 人から 248,360 人、約 27 ％の減少率である。減少率の推計値は約 20 ％から 67 ％の範囲を示している。人口減少は道北地域だけではない。札幌市及び周辺の市町村もその例外ではない。札幌市及び札幌圏の人口減少率が他の道内の地域と比べて低いというだけのことである。

　この道北地域の人口減少の要因はこれまで明らかにしたように、札幌圏に吸引され、さらに道北地域と札幌圏が東京圏に吸引されるという二重構造下に置かれていることに起因する。この二重の引張要因に対抗する要因は主として地域労働市場の在り様に求められる。かつ地域労働市場のダイナミズムは産業活動に依存する。

　道北の内陸地域である上川総合振興局管内（配置自治体旭川市）は主として農業、畜産、酪農、林業そして留萌総合振興局（配置自治体留萌市）管内の日本海側、宗谷総合振興局（配置自治体稚内市）の地域は漁業を主としてそれに農業、畜産、酪農、林業が加わる。道北地域の稲作はかつての減反政策により大幅な縮減を余儀なくされた。北海道の稲作は、冷害に強い品種への改良が進められてきたが、味の評価は全国的には必ずしも芳しくなかった。更なる優良品種への改良が進み、加えて人類にとって不幸な事実である温暖化という環境の変化と相まって、近年北海道産米の評価は全国的に高まってきている。他方で、道北地域の高齢化の進展は、喫緊の課題である農業後継者問題を顕在化させている。もちろんこの後継者問題は農業に限らず畜産、酪農、漁業、林業も同様である。これら第 1 次産業をめぐって国際的経済動向（TPP あるいは 2 国間の FTA）も大きな要因として作用している。道北地域の産

表2　道北地域総合振興局別事業所数・従業者数

産業振興局名										
産業大分類	全産業(公務を除く)		農林漁業		建設業		製造業		運輸・郵便業	
	事業所数	従業者数	事業所数	従業者数	事業所数	従業者数	事業所数	従業者数	事業所数	従業者数
石狩振興局(札幌含む) 石狩振興局との比較のため記載	91179	990790	298	2893	7799	69971	3116	60647	2290	59544
上川総合振興局	22790	195622	432	4705	2030	17189	1242	15849	569	11544
留萌振興局	2570	16370	102	1062	258	2058	109	1774	100	1063
宗谷総合振興局	3741	26833	93	1126	367	3456	249	3851	107	1586

北海道庁総合政策部・北海道統計 2020 年度版より筆者が修正して転載

業は前記したように農業、畜産、酪農、林業であるが、かつてはそれに鉱業（石炭、銅等）が存在した。特に石炭は石油へのエネルギー政策の転換、銅山は国際競争力を持ち得ず、すべて閉山となっている。林業も外材との競争で衰退し、近年の木材が持つ生活価値の見直しと円高でようやく息を吹き返しつつある状況ではあるが、道産材の市場拡大は未だこれからの課題である（北島滋、2019 年、北海道林産技術普及協会）。

　道北地域の基幹産業は我が国の農業政策、エネルギー政策、林業政策にも翻弄され、それと相まって国際市場動向にも苛まれてきた。それでも各自治体による持続的な各種支援施策、そして各産業分野の経営者、事業者の経営努力、かつ労働者の不断の努力によって持ちこたえてきたというのが道北地域の実情である（北島滋、1998 年、東信堂）。

3) 東川町の人口増化の要因

　旭川市に隣接する東川町の人口は、2018 年 12 月時点で 8,382 人である。1994 年 3 月の 6,973 人と比較すると 20.2％の伸びである。東川町は写真甲子園で全国的に有名になり、東川町のブランド化に大きく貢献したが、それがきっかけで高校生たちがやがて成人になって移住してきた、というわけではない。

　それでは何が人口増加の要因となったのか。第 1 に地理的利便性は大きな誘因の一つと考えられる。旭川市から車で 30 分ほどの距離にある隣接町であることから、旭川市が抱える高度医療機能、福祉介護機能、高等教育機能

そして消費機能が利用可能なことである。また旭川空港が隣接する東神楽町にあるため、90分で東京圏と繋がる利便性である。くわえて、東川町は大雪山国立公園及び温泉という観光資源を抱えている点である。これらの地理的要因は確かに道北地域の他の小規模自治体に対して経済的誘因において比較優位にある。しかしこのような地域は全国に多数存在しており、それらすべての自治体が人口増加の恩恵を被っているわけではない。経済のグローバル化の伸展の中で、前記した要因だけでは人口増加策の環境要因、つまり外在的要因に過ぎない。

　第2は、人口を増加させる内在的要因である。東川町は多くの人口増加策を実施してきたし、現に実施している。それらを以下に概観したい。

　①移住促進策……住宅建設費支援、移住者への奨励資金給付、水道料金無料[6]等

　②子育て支援……医療費無償、保育園・幼稚園費用の支援

　③移転企業への支援……旭川市、他地域からの企業の移転への支援（工場用地、資金融資、固定資産税等の減免）

　④起業への支援……町外からの移住者が起業した場合の支援

　⑤町立日本語学校設立と留学生への定着支援

　⑥写真甲子園

　その他にも多くの多様な施策が実施されている。ここでは主な施策を列挙してみた。①～④までの施策は東川町特有なものではない。人口減少に苦悩するどの自治体でも実施している。町長以下職員が一丸となって実施しているところは他の自治体と変わりはない。多少違いがあるとすれば、小規模自治体であるが故に小回りが利くのを逆手にとって、町長が新規に立地してきた企業経営者・起業者あるいは移住者に直接間接にコミュニケーションをとるリーダーシップの在り方である。人口が8,000人強規模の小規模自治体だからできるというのも事実であるが、移転してきた企業経営者、起業者には物的支援ということもさることながら、町長と直接的に話し合えるという社会的距離の近さは経営者にとって極めて有意味であることが検証されている（北島滋、2016年、旭川大学）。

　人口増に必ずしも寄与はしていないが、人口減少を底支えしているという意味で東川町の家具・木製品及び木材製造業に注目したい。東川町には旭川市からかなりの数の工場移転が進んできた。多くは旭川市での家具生産の環境が悪化し（狭隘、騒音等）東川町の誘致策に応じてきたからである。東京方面からの新たな立地に加え、東川町に移住して家具製造をしたいという作家的家具製造（工房）、木製品製造に従事する比較的若年層はすべて町内に定住している。他方で、工場で家具製造に従事する労働者の70〜80％は旭川市からの通勤であり、前者の方が人口増に寄与している。ここでは農業分野についての分析はしないが、上川総合振興局内では有数の稲作地帯であり、主力産業の一つが農業であることは間違いない。

　日本語学校の開校も人口増に寄与している。全国的にも同様であるが、高齢化の進む道北地域はとりわけ介護福祉士の養成・供給が需要に比べて不足している。東川町では福祉専門学校が立地しており、そこで長年にわたって介護福祉士を養成していたが、入学者数が少なく存立それ自体が窮地に立たされていた。東川町が経営に梃入れするとともに、町立の日本学校を設置し、併せて福祉専門学校に併設されている日本語学校と提携して外国人留学生がそこを卒業した後、介護福祉士養成課程に入学させ、町内に立地している介護事業所及び隣接町の事業所への介護人材の供給を実施している。介護福祉士の資格を取得すれば永住可能な在留許可の取得が可能になるからである。東川町からの手厚い奨学金の支援により卒業し、町内の介護事業所に就職する者もいる。東川町は人口の維持に多大のエネルギーをかけてきたことは事実である。そうであるからといって、他の同規模の自治体が東川町と同じ施策を実施すれば人口が増加ないしは維持できるのかというとそうではない。自治体にはそれぞれ特有の歴史があり、歴史の過程でつくられた外的・内的条件が異なるからである。全国には約1,741（政令都市20を含めれば）余りの自治体があるが、産業振興を含む地域振興策の類型化は可能であっても、それらに基づいて地域振興策を実施してもうまくいくという保証はない。むしろ自治体の数に応じた地域振興策があると考えたほうがよい（北島滋、2016、東信堂）。

3. 道北地域の少子高齢化の現況と増毛町、音威子府村

　このような道北地域の状況の中で、人口数で北海道内の最小の自治体である音威子府村と北海道あるいは道北地域でもごくありふれた存在である人口4,092 人の増毛町を分析の対象とした。この 2 つの自治体を福祉施策と財政の関連という視座から分析すれば、道北地域に限らず全国的な他の小規模自治体の内在的持続性とその限界の一端を把握できると考えたからである。換言すれば、冒頭で示した日本型福祉国家崩壊の危機を浮き彫りにできると考えたからである。

1　増毛町の地理的位置と交通体系の現状

1) 増毛町の地理的位置
　増毛町は留萌振興局管内の南部に位置する。留萌市、石狩市、雨 竜 郡北竜町、雨 竜 町、樺戸郡新十津川町に隣接する。旭川市より約 90 km の距離にある。町の面積は 369.71 ㎢で、東京都の約 6 分の 1 の広さである。

2) 増毛町の交通体系
　バスは札幌線・特急はぼろ号、日本海るもい号、別苅－留萌線 (往復) の 4本が旧増毛ターミナルに停車する。経路はそれぞれ次の通りである。特急はぼろ号は、札幌駅－留萌－羽幌－豊富を、日本海るもい号は、札幌ターミナル－浜益－雄冬－増毛ターミナル－留萌駅を経由する。別苅－留萌線は、雄冬から留萌市立病院までで、旧増毛駅を中心にして雄冬－岩尾－大別苅－谷

図 4 増毛町の地理的位置

増毛町勢要覧資料編・2019（平成 31）年度版より転載

地町－南暑寒別－旧増毛駅－役場前－舎熊－阿分－留萌市立病院の順に停車していく。ほかに、旭川から出発する道北バスでも留萌で乗り換えて増毛に向かうことができる。

　JR は、旭川駅を起点にすると、札幌駅に向かう函館線に乗り、その途中にある深川駅で留萌線に乗り換え留萌駅へ向かう。留萌駅から増毛駅へ行くには増毛線に乗り換えるのだが、2016 年 12 月 4 日に JR 留萌本線の留萌～増毛間が廃線になったため、現在は鉄道での移動手段はない。このように増毛町の交通体系はバスが中心であり、それも札幌との関係が強い。増毛町は地理的に道北地域に帰属するが、町民の意識が旭川ではなく札幌に向かうというのはこの交通体系に起因する[7]。

2　増毛町の人口動態と高齢化

　増毛町の人口は、**表 3** には記載していないが 2000 年の時点で 6,167 人である。2020 年 3 月段階での人口は 4,092 人であり、減少率は 33.6％である。

表3　増毛町住民基本台帳人口（各年3月31日）

	男性	女性	総数	世帯数	世帯人員	
2009 年	2487	2924	5411	2555	2.12	
2010 年	2457	2875	5332	2563	2.08	
2011 年	2397	2812	5209	2545	2.05	
2012 年	2323	2753	5076	2514	2.02	
2013 年	2316	2747	5063	2547	1.99	
2014 年	2253	2705	4958	2533	1.96	
2015 年	2192	2630	4822	2460	1.96	
2016 年	2146	2547	4693	2413	1.94	
2017 年	2072	2465	4537	2368	1.92	
2018 年	2004	2388	4392	2322	1.89	
2019 年	—	—	4222	—	—	（12月31日）
2020 年	1888	2204	4092	2157	—	（4月30日）

『増毛町町勢要覧資料編〈2019 年〉』（企画財政課刊行）、増毛町 HP より転載

2018 年段階で高齢化率は 44.2％である。この高齢化率は、全国平均の 27.7％（但し 2017 年度）、同規模の自治体との比較ではないが、道内の〈町〉と名の付く自治体の高齢化率が 29.1％であり、それと比較しても極めて高い。その理由は産業の衰退と関連した労働市場の縮小である。若年・壮年労働力が町外に流出する。したがって子供を産み育てる世代も併せて流出し、高齢者層が町内に残るという、典型的な少子高齢化の町である。産業の動態については後述したい。

3　音威子府村の人口動態と高齢化

　音威子府村は上川総合振興局管内の北部に位置する村である。隣接する自治体は中川町、枝幸町、美深町である（図 3 を参照）。旭川市より約 137 ㎞の距離にある。村の面積の 86％が森林である。

　2010（平成 22）年度の音威子府村の人口は 995 人である。2010 年の人口を 2020 年と比較すると、その減少率は 28.2％である。また、2020 年の世帯数

表 4　世帯数及び人口の推移（住民基本台帳 9 月末日、国勢調査）

	世帯数	男性	女性	総数	世帯人員	
2010 年	486 世帯	540 人	455 人	995 人	2.0 人	国勢調査
2015 年	405 世帯	435 人	397 人	832 人	1.9 人	国勢調査
2016 年	506 世帯	418 人	383 人	801 人	1.9 人	住民基本台帳
2017 年	494 世帯	402 人	376 人	778 人	1.9 人	住民基本台帳
2018 年	493 世帯	402 人	368 人	770 人	1.9 人	住民基本台帳
2020 年	470 世帯	370 人	345 人	715 人	—	住民基本台帳 4 月

音威子府村 HP より転載

は 2010 年のそれと比較して減少率は 3.3％である。2016 年の世帯数が急に増加している理由は明確ではない。言えることは住民基本台帳と国勢調査との間の時間的ずれによるのではないかと思われる。世帯人員は 1.9 人と極めて少数である。一人住まいの高齢者が多いと思われる。

　図 5 は長期のスパーンで示した音威子府村の人口、世帯数、世帯員数である。この図で見る限り、人口数のピークは 1955 年前後であり、人口数は約 4,000 人強である。1965 年以降、高度経済成長の伸展に伴い人口が減少していくが、音威子府村は稚内行きの宗谷線、オホーツク海を回って稚内に行く天北線の起点になっていたこともあり、国鉄職員が多く居住していた。1987 年に国鉄が民営化され、1989 年に天北線は廃線となった。このこともあり更なる人口減少に拍車をかけた[8]。

　音威子府村の人口構成の特徴は若年人口が多くを占めている点である。その理由は北海道音威子府美術工芸高等学校の存在である。学生数は 2020 年 4 月時点において 116 人である。高校生も村民であることは間違いないが、ほとんどが村外からの入学者である。高校生の場合住民票の移動がされていない場合が多く、住民票から確認される住民数 715 人が正確な数であろう。高校生数 116 人の村民人口に占める割合は 16.2％である。村の振興計画である「音威子府村まち・ひと・しごと創生総合戦略」において、卒業生の村内への定着が最大の課題となっている[9]。

　ところで音威子府村の高齢化の状況はどのようになっているのか。音威子

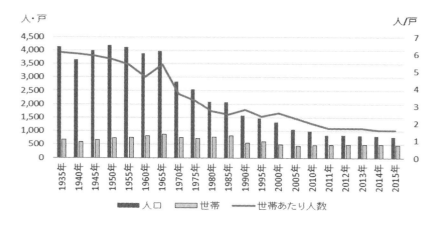

図5　音威子府村の人口構成の推移

『音威子府バイオマス産業都市構想』（2016 年、音威子府村刊行）より転載

府村の 2015 年の総人口にしめる 65 歳以上の割合は 27.5％である。調査時点
の 2018 年 8 月では 31.1％である。増毛町の高齢化率が 44.2％であることから、
人口数から比較すると音威子府村の高齢化率が意外と低い。その理由は、第
1 に、高校生の村人口に占める割合が 16.2％と高いためである。第 2 に、重
度の要介護者を入所させる特養施設が音威子府村に整備されていないため、
隣接する中川町、美深町等に存在する施設に入所するからである。しかし、
今後はそのようなことで高齢化率の増加が抑制されるとは考えづらく、高齢
化率は 2045 年までに 11.5％上昇して 39.0％に達し、おおよそ 10 人に 4 人が
高齢者になると推計されている。

4. 国家財政の困窮と北海道庁、旭川市の財政現況

1 国家財政の困窮の現状

　我が国の財政状況は最悪の事態に直面している。2020年4月末時点で債務が約1100兆円を超えている。先進国の中でこれほどの累積債務を抱えている国はない。コロナ問題により2020年4月補正予算で約24兆円の赤字国債の発行が予定されている。コロナ対策に関して政府が当初予算で出し渋ったのは膨大な累積債務のためである。筆者は財政問題に関しては門外漢ではあるが、このまま赤字国債を出し続ければ、赤字国債の返却可能性は非常に困難と考えている。1100兆円超の赤字国債の40％を超える額を政府の実質的子会社である日銀が買い込んでいる。見た目には日銀の資産が膨れ上がっているが、このこと自体も異常である。もちろん以下の方法をとれば返すことができる。2019年度国家予算額約101兆4564億円を10年間すべて借金に支払い続ければ、の話である。しかし10年間国家予算をゼロにするということは不可能である。このような事態においても、2019年度予算の内、不足分を赤字国債32兆円で補填している。2020年度当初予算も金額は異なるが(32兆5562億円、7兆1100億円の建設国債を含む)同様である。もちろん歳出予算の公債費で一部返却しているから32兆円丸ごと赤字国債として増加するわけではない。前記したように、10年間国家予算をゼロにすることはできないが、赤字国債の累積額を減少させる方法がないわけではない。それについては財政学者に任せるが、門外漢でも法人税率の削減、産業別大手企業の優遇策、大手企業の内部留保への課税、輸出関連企業への消費税還付の国

家財政への還元策、国税増収分による赤字国債発行の減額措置、富裕層への課税システムの変更等(累進課税の強化)多様にある[10]。成長戦略を錦の御旗に、財源確保の政策を実行せず、財源不足を盾に社会保障・福祉の予算を抑制・削減する政策は本末転倒である。

2 北海道庁の財政現況

　全国約1700ある自治体の財政は逼迫している。東京圏、名古屋圏などの人口が増加している大都市圏しか財政を現状維持できない。とりわけ経済的中枢管理機能が集積している東京都は例外である。全国の自治体の中で地方交付税の不交付団体は東京を含む85自治体である。今回のコロナ問題で、各自治体の財政状況の一端が明らかになったが、独自に休業補償・生活支援ができた自治体は極めて少ない[11]。

　北海道庁の2019年度、2020年度の歳入予算について費目別に作成してみた。ここで注目したいのは人口534万人(2018年段階)を抱える北海道庁の歳入予算が必ずしも強固なものではないということである。2019年度歳入予算は、表5に示したごとく2兆8600億円である。そのうち自主財源は29.6%である。主たる自主財源の費目は道税の21.1%である。あとは非常に微々たるものである。これに対して依存財源は70.4%である。その中で最大の財源は道債(借金)23.6%〜25%と地方交付税の21.2%である。そして国庫支出金の12.6%が加わる。2020年度においてもこの自主財源と依存財源の構成割合に変化はない。北海道という広大な面積を管理する道庁の予算が依存財源に依拠せざるをえないという状態はいささか心もとない。自主財源と依存財源の比率は3：7である。かつて3割自治と揶揄された時代があったが、北海道庁は現時点でもその典型である。

　依存財源の内訳をみれば、特に道債の比率が高い。2018年度で道債の累積額は5兆8500億円である。依存財源比率、特に道債の比率が高いというのは財政改革推進において極めて重要な問題である。更に言えば、依存財源の中で大きな位置を占める地方交付税が国家財政の窮迫の中で今後とも一定

表5　年度別北海道庁歳入予算

単位：万円

費目	2019年度	総予算の割合	2020年度	総予算の割合
自主財源				
道税	60465500	21.1％	61155600	21.7％
財産収入	1061700	0.4％	652900	0.2％
諸収入	16655000	5.8％	15188100	5.4％
寄付金・使用料等	3959700	1.4％	4229100	1.5％
繰入金	2690600	0.9％	2033100	0.7％
自主財源合計	84832500	29.6％	83258800	29.5％
依存財源				
地方消費税清算金	22180800	7.8％	26244800	9.3％
地方譲与税・地方特例交付金等	10907200	3.8％	10955100	3.9％
道債	71557800	25.0％	66567600	23.6％
国庫支出金	35916600	12.6％	34083000	12.1％
地方交付税	60700000	21.2％	60900000	21.6％
依存財源合計	201262400	70.4％	198750500	70.5％
一般会計歳入予算額	286094900	100.00％	282009300	100.00％

『歳入歳出款別予算内訳の構成』北海道総務部財政局財政課財務調整グループ、自主財源と依存財源に区分して筆者作成

額が維持されるという保証はない。小泉内閣の時のように新たな三位一体の改革が提起され、地方交付税が削減されることである。コロナ問題で国民、事業者に給付する補正予算は殆ど赤字国債で賄われた。これまでの財政改革を放置してきたつけが国民、自治体に転嫁する可能性は大きい。

3　中核都市旭川市の財政状況

　中核都市旭川市の2019年度予算は1570億7000万円、2020年度は1552億3000万円である。歳入予算額としては約18億円ほどの減少である。問題は自主財源がどの程度かである。自主財源は36.3％〜36.6％であり、弱いとはいえ北海道庁予算のそれよりは多少とも良好である。但し、やはり3割自治

表6　年度別旭川市歳入予算

単位：万円

費目	2019 年度	総予算の割合	2020 年度	総予算の割合
自主財源				
市税	4020000	25.6%	4000000	25.8%
財産収入	33376	0.2%	92351	0.6%
諸収入	1068071	6.8%	926753	6.0%
寄付金・繰入金等	627353	4.0%	601154	3.9%
自主財源合計	5748800	36.6%	5620258	36.3%
依存財源				
地方消費税交付金等	935850	6.0%	965131	6.2%
市債	1392300	8.9%	1104990	7.1%
道支出金	1088038	6.9%	1150577	7.4%
国庫支出金	3355712	21.4%	3408144	21.9%
地方交付税	3186300	20.3%	3273900	21.1%
依存財源合計	9958200	63.4%	9902742	63.7%
一般会計予算額	15707000	100.00%	15523000	100.00%

「令和2年度旭川市歳入歳出予算」（旭川市総合政策部財政課刊行）より筆者が一部加筆修正して作成

の域を出てはいない（**表6**を参照）。

　人口が同規模の都市と比較すると、高知市、前橋市、大津市が人口数ではほぼ同規模である。この中では高知市（県庁所在地）は2581億円と群を抜いている。高知市を除くと旭川市は前橋市、大津市よりは財政規模が大きい。自主財源と依存財源の比較が必要ではあるが、ここではそこまで言及せず予算額に焦点を当てた。ところで旭川市の主要な自主財源は市税（25.8%）がほとんどを占めている。これに対して依存財源は63.4%〜63.7%である。その中で比重が大きいのは地方交付税（21.1%）と国庫支出金である。国庫支出金は地方交付税と異なり使用目的が決められている。例えば生活保護給付金はその一例である。留意すべきは市債の比率が意外に少ない点である。2020年度歳入予算で見ると、約110億円であり7.1%である。2020年度道庁歳入予算の23.6%と比較すると1/3である。旭川市の財政運営が比較的慎重である

ことをうかがわせる。2018年度段階で市債残高の累積額は、旭川市年度予算の1年分、1762億4100万円である。返済できない額ではない。

　旭川市は毎年度約2000人の人口減少が続いている。このまま推移すると仮定すれば、市税の落ち込みが激しくなり、財政運営に支障をきたすことが予見される。

5. 小規模自治体増毛町の財政状況

1 増毛町の一般会計・特別会計の歳入・歳出構造の特質

　増毛町の人口は 2020 年 4 月段階で 4092 人である。高齢化率は 44.2％（2018年度）と極めて高い。

　表7 の歳入予算を見ればわかるように、自主財源が脆弱である。自主財源の主要な歳入財源は町税であるが、2016 年度以降 7.70％代から 2020 年度は7.27％へと落ち込んできている。自主財源を支えているのはふるさと納税という寄付金である。2016 年度の決算額では、ふるさと納税に繰り越し、繰入金等を入れると 15％～ 17％強の範囲にある。自主財源が脆弱化していくのは小規模自治体である増毛町が例外なのではなく一つの代表事例と考えてよい。

　これに対して依存財源の状態はどうか。2016 年は総歳入予算額の 80％と特出しているが、これは町立こども園移行のため保育園建設の予算が組み込まれていることも一つの要因である。しかし 2017 年度から 2019 年度は、依存財源が全体として 70％～ 75％の範囲にある。その中でも町債への依存は 8％～ 17％超の範囲にある。近年の積極財政により町債への依存が高くなっている。更に最大の依存財源は絶えず 50％近くを占める地方交付税である。地方交付税の財源は酒税、地方消費税、地方法人税等から構成されるが、いつの時も必ず安定的に交付されるわけではない。景気等に左右されるし、国の財政の在り方（1100 兆円を超える国の債務）、それに伴う財政政策によっても規定される。三位一体の改革がその一例である[12]。増毛町の財政は

表7　増毛町の年度別歳入予算

	2016 年度	総予算の割合	2017 年度	総予算の割合
自主財源				
町税	35700	7.70%	36900	8.20%
財産収入	1005	0.20%	1300	0.30%
諸収入	10900	2.30%	10700	2.40%
寄付金・繰入金等	42300	9.20%	70300	15.50%
内訳：ふるさと納税寄付金	47653		50571	
自主財源合計	89905	19.40%	169771	26.40%
依存財源				
地方消費税交付金等	34600	7.40%	12600	2.80%
町債	57550	12.40%	37200	8.20%
道支出金	16000	3.40%	16900	3.70%
国庫支出金	21900	4.70%	18600	4.10%
地方交付税	245600	52.70%	247900	54.80%
依存財源合計	375650	80.60%	333200	73.60%
一般会計予算額	465600	100.00%	502971	100.00%

『よくわかることしの仕事』各年度版より筆者作成、増毛町企画財政課刊行

2017 年から自主財源が持ち直してきたが、2019 年度、2020 年度とまた下がり始めている。

　増毛町の財政収入を構成する町税は人口減、高齢により益々減少していく。ふるさと納税の増加に依存するというのも重要ではあるが恒久財源とはいい難い。2019 年度の自主財源比率が下がったのは、ふるさと納税の寄付金が減少したことにある。この歳入予算の推移からすれば、今後益々〈あれもこれも〉という町民の要望に対応できる財政状況ではない。町民の生活にとって不可欠のものに予算を重点的に配分せざるを得ない。それは高齢化の進捗の中で不可欠な高齢者・障がい者医療・福祉の領域である。

　歳出予算の中で医療・福祉予算を構成する費目は民生費である。表8 は増毛町の歳出予算の民生費の推移である。この 5 年の推移で見ると 2020 年度が増加傾向にあるが、歳出予算に占める割合は極端な増減はない。2016 年

単位：万円

2018 年度	総予算の割合	2019 年度	総予算の割合	2020 年度	総予算の割合
35900	7.50%	36600	7.20%	36929	7.27%
1300	0.30%	1500	0.30%	1399	0.26%
9300	1.90%	9700	1.90%	7625	1.50%
95600	19.90%	89500	17.60%	82031	16.16%
55117		36642		30000	
197217	29.60%	137300	27%	127984	25.19%
13300	2.70%	13300	2.60%	16490	3.25%
43600	9.10%	78400	15.40%	64570	12.72%
18700	3.90%	25400	5.00%	23650	4.66%
24400	5.10%	18000	3.50%	29934	5.90%
238400	49.60%	235800	46.50%	244971	48.26%
338400	70.40%	370900	73.00%	379615	74.79%
480600	100.00%	508040	100.00%	507600	100.00%

度は認定こども園移行のための保育所建設が含まれているために他の年度と比較して多くなっている。

　医療費関連は衛生費の保健衛生費目の中に含まれているため、それらを取り出して福祉関連予算と合わせて計算する必要がある。2018 年度で計算すると、予算の衛生費に含まれる医療関連費、保健関連費の総計は 2 億 9407.9 万円である。増毛町は町立市街診療所を持っているために、町立市街診療所特別会計で予算を編成している。2018 年度の予算総額は 2 億 2670 万円である。診療所特別会計は診療報酬等で賄うが、不足分を見越して一般会計から 9406 万円を支出している。なお当該年度の決算額では繰り出し額は 7968 万円である。民生費の総額が 8 億 300 万円であり、これらを足すと、11 億 9115.7 万円である。これを当該年度の総予算額で除すると 24.78％になる。民生費は歳出予算の 16.71％であるが、実際には 24.78％になる。ただしこの

表 8　増毛町一般会計における民生費の推移

単位：万円

	一般会計当初予算額	民生費	民生費／当初予算
2016 年度	465600	107000	22.98%
2017 年度	452400	79500	17.57%
2018 年度	480600	80300	16.71%
2019 年度	508040	75900	14.93%
2020 年度	507600	87856	17.31%

『よくわかることしの仕事』各年度版より筆者作成、増毛町企画財政課刊行

表 9　増毛町における医療福祉関連特別会計への年度別繰出金

単位：万円

	2016 年度	2017 年度	2018 年度	2019 年度
後期高齢者医療繰出金特会	3401	3300	3817	3592
国民健康保険繰出（特会）	5006	4772	4841	4987
介護保険事業繰出（特会）	15349	17007	17916	18156
繰り出し金合計	23756	25079	26574	26735
一般会計予算に占める割合	4.40%	4.80%	5.52%	5.26%
一般会計予算	465600	452400	480600	508040

『よくわかることしの仕事』各年度版資料編、『一般会計予算』（企画財政課官刊行）より筆者作成

中には医療福祉担当の人件費は含まれていない。それを含めるとおそらく30％を超える。増毛町を財政構造から見ると、否応なく〈福祉の町〉である。

　表 9は一般会計から特別会計への繰り出し金の推移である。後期高齢者医療、国保、介護保険の年度別の繰り出し金額が増加している。国保の繰り出し金は北海道国民健康保険連合会（道連合会と略）への法定拠出金でもあるが、特別会計で不足した額を一般会計から補填するという実態は変わらない。

　2018 年度から国保の管轄は各市町村から道連合会へ移管されたが、一般会計の総予算額も毎年度微増はしているが（2017 年度を除く）、保険料収入だけでは当然のことながら特別会計の予算は不足し、国庫、道支出金と一般会計から繰り入れて特別会計の蔵出予算を編成している。それだけ一般会計の

歳出予算を圧迫していることになる。

　介護保険特別会計への繰り出し金は 2019 年度において 1 億 8156 万円と他の特別会計と比較してもかなりの金額であり、しかも年々増加している。もちろん制度の仕組みが異なることは確かであるが、一般会計を圧迫する要因となりえる。介護保険繰出金がどのように使われるかについては後述する音威子府村の分析で明らかにしたい。ここでは増毛町の高齢化率の増加が介護保険特別会計への繰り出し金額の増加の要因となっていることにとどめておく。

2　増毛町の福祉施策と財政

　表 10 は増毛町と旭川市の医療福祉関連事業数の単純な比較表である。約332,000 人、かつ 2020 年度予算が 1,552 億円の自治体と人口 4,092 人で予算額が同一年度で 50 億 7600 万円の増毛町、人口で 83 倍、予算で約 30 倍の差がある自治体の医療福祉関連事業数を比較して意味があるのか、ということは当然問われる。

　旭川市の医療福祉関連事業数は 76 である。この中には総務に関わる管理経費を除いてある。増毛町の事業数は 54 である。旭川市が子育て支援、増毛町は高齢者対策に重きを置いているように、それぞれの自治体の人口構成、首長の考える (公約を含む) 重点施策により異なる。問題は、医療福祉関連事業数において自治体間の人口、予算額の差に見られるような大きな開きはない。その意味するところは、予算額の規模が異なろうと小規模自治体も住民生活にとって不可欠の医療福祉関連事業に中核自治体と同様予算付けをしなければならないということである。小規模自治体は、自治体住民の生活を支えるために医療福祉関連事業に多くの予算を比率として割かなければならない。仮に同じ比率であってもその意味するところは旭川市よりもはるかに負担が大きい。ましてや、前記した特別会計への繰り出し金の負担も大きい。後述する音威子府村も同様である。全国の小規模自治体は増毛町と同じ状況に直面している。増毛町が例外的存在なのではない。

表10　医療福祉関連事業比較

増毛町福祉関連事業名		旭川市福祉関連事業名	
事業名		事業名	
予防接種事業		予防接種費	障害者地域生活支援事業
インフル予防接種等	子ども医療費助成事業	感染症予防対策費	ノマライゼーション推進費
風しんの追加的対策事業	ひとり親家庭医療費給付	結核医療費公費負担	福士タクシー利用料金助成
特定検診・保健指導	未熟児養育事業	歯科保健推進費	障害者社会参加支援
健康寿命延伸人材育成	児童手当支給事業	難病相談支援費	障害者バス利用促進補助金
母子保健施策	障がい者福祉事業	結核医療費公費負担	障害者日常生活支援
がん検診等各種検診	重度心身障がい者医療給付	がん対策費	障害者就労促進費
保健推進活動事業	国民健康保険事業(特会)	保険事業費	つつじの里整備費償還補助
健康増進事業	介護保険事業(特会)	健康増進対策費	手話条例推進費
減塩プロジェクト事業	児童福祉手当支給	地域精神保健活動費	視覚障害者情報提供推進費
自殺対策事業	母子福資金貸付事業	いのちの電話相談員養成	障害者団体大会補助金
町立市街診療所事業	特別児童扶養手当支給	保健所給付費	障害者計画策定費
福祉バス運転事業	障害児福祉手当及び	栄養改善推進費	生活困窮者自立支援推進費
社協補助事業	特別障害者手当支給	医療薬事監視指導費	生活困窮者住居確保給付費
民生委員児童委員活動充実	国民年金業務	地域保健対策推進費	軽費老人ホーム運営補助金
老人クラブ連合会補助事業	生活保護法に関わる援護	急病対策費	老人施設費等措置費
老人福祉センター改修事業	生活福祉資金貸付事業	休日等歯科対策費	生活支援ハウス運営費
老人保護事業		不妊対策推進費	在日外国人高齢者福祉給付
敬老会の開催	2018年度増毛町	在宅医療推進費	老人クラブ高齢者の家運営
後期高齢者医療事業	一般会計予算	障害者相談支援費	高齢者生きがい対策費
高齢者福祉サービスの実施	4806000(千円)	保健福祉情報システム管理	高齢者福祉センター管理費
介護予防支援事業		社会福祉事業基金積み立て	近文福祉ふれあいセンター管理費
やすらぎ荘運営事業		社会福祉事業施設等支援	老人福祉センター管理費
地域包括支援センター運営		成年後見推進事業費	老人福祉施設助成費
訪問介護サービス事業		ホームレス自立支援	老人福祉施設整備推進
養護老人ホーム運営事業		生活つなぎ資金貸付	高齢者入浴事業補助
特養老人ホーム運営事業		無料低額診察事業調剤処方	介護保険居宅サービス軽減
ショートステイ運営事業		生活館施設整備費	介護保険利用料負担軽減

介護従事者確保対策事業	障害者相談支援費	高額介護サービス資金貸付
地域交通対策事業	精神障害者医療費助成	介保特別会計繰り出し金
保育所増築事業	重度心身障害者医療費助成	高齢者屋根雪下ろし事業費
常設保育所運営事業	特別障害者手当等給付費	高齢者三寮助成費
常設保育所施設整備事業	障害者自立支援給付費	高齢者バス料金助成
保育所広域入所委託事業	聴覚障害者コミュニケ支援	老人福祉施設建設補助金
地域子育て支援センター	赤ちゃん訪問指導費	介護人事確保支援費
多子世帯子育て支援金事業	出産支援推進費	長寿社会生きがい振興費
学童保育事業	子ども医療費助成事業	長寿社会生きがい基金積み立て金
乳幼児医療費助成事業	医療費費給付費	ファミリーサポセン運営費

増毛町 2018 年度一般家計予算福祉予算費目、旭川市 2018 年度一般家計予算福祉予算費目より筆者作成。

　　小規模自治体が歳出予算の多くを医療福祉関連事業に割くわけであるから、国、道の支援が必要となる。この支援の金額がどのように決定されるかは筆者自身も理解することが難しい。国保を例にとれば、国保の財源は保険料、共同事業交付金、前期高齢者交付金、都道府県支出金、国庫支出金、一般会計繰入金（法定分、法定外）、療養給付費等交付金から構成される。2016 年度において総額 16 兆 219 億円である。これは 47 都道府県の総額であり、道連合会は道内各自治体から保険料等を集め、それに国庫支出金、道支出金を含めて道内各自治体に配分し、配分された各自治体はそれを国保特別会計の歳入に繰り入れる。配分するにあたって配慮される事項は、大きくは (a) その市町村の人口数・年齢構成、(b) 保険料収入、(c) 財政力、(d) 市町村間の保険料の格差調整等を勘案して国庫支出金、道支出金が決定され配分される。自治体への支出金は予め事業名が決められている。2018 年からは都道府県が国保を管轄しており、国の支出金は道に支出され、そこから各自治体に支出される。国保の特別会計は国・道の支出と保険料収入だけで賄うことはできない。各自治体は不足分を一般財源から特別会計に支出している。その額は大きい。

　表 11 は増毛町の医療福祉関連事業別国・道の補助金額の推移である。事業への補助金は 15 事業であり、2017，2018 年度に健康寿命延伸人材育成事業が追加されている。育成が完了とみなされたのか 2019 年度には補助金は支出されていない。2016 年度を 100 とした増加指数は 2018 年度が極端に伸びているが、国保の道への移管に関連して増額されたものである。各年度の国保の補助金額を勘案すれば、2018 年度の実質は伸びてはいない。この表には記載していないが各年度の補助金合計額をその年度の予算額で割ると 15％〜 18％の範囲に収まる。もちろん増毛町にとっては必ずしも小さな額ではない。したがって不足分は増毛町が一般会計から補填して特別会計を維持せざるを得ない。

　表 12 は増毛町が予算を負担している 47 の事業である。年度別で増加した事業は風しんの追加的対策、減塩プロジェクト、自殺対策、訪問介護各 4 事業である。これに対して削減された事業は、老人福祉センター改修、保育所増築、常設保育所、常設保育所施設整備の 4 事業である。これらはこども園開設ための増設・改修事業のため終了すれば予算はなくなる。この表 10 と表 11 の事業を重ねてみると、国・道の補助金の多くが国保、介護保険、そして障害者福祉事業に支出されている。それ以外の事業への補助は極めて少ない。

　表 9 では 54 事業であるが、増毛町が予算を直接負担していない国、道の直轄事業を含んでいる。

　増毛町が直接予算を負担（拠出）している事業数は 47 である。（表 11 参照）全体 47 事業の各年度別負担総額は 2016 年度が突出している。理由は保育所増築のためである。表 6 で分析したように、増毛町の歳入予算は地方交付税と町債の依存財源を主としており、極めて脆弱である。特に 2019 年度、2020 年度は町債が増加している。そういう予算状況において、福祉関連予算の負担総額が増加している。総予算に占める割合でも 17％に近い状況となっている。表 7 のところで説明したように、保健衛生費等の予算を含めて計算すると 2018 年度において医療福祉関連予算が約 25％になることを明らかにした。この 25％の予算額には福祉担当の医療従事者を含めた職員数の

表 11　増毛町における年度別医療福祉関連事業への国・道補助金

単位：万円

事業名	2016 年度 補助金	2017 年度 補助金	2018 年度 補助金	2019 年度 補助金
特定検診・保健指導	918	629	616	792
健康寿命延伸人材育成	0	1472	940	0
健康増進事業	84	53	60	33
民生委員児童委員活動充実	155	156	159	159
老人クラブ連合会補助事業	38	38	40	38
地域包括支援センター運営事業	458	858	1001	913
常設保育所運営事業	0	0	0	52
保育所広域入所委託事業	97	111	85	69
学童保育事業	202	111	228	129
乳幼児医療費助成事業	177	183	102	103
ひとり親家庭医療費給付事業	80	71	55	66
未熟児養育事業	24	25	13	20
児童手当支給事業	4302	4078	3824	3452
障がい福祉事業	10173	10356	11244	10894
重度心身障がい者医療給付	563	514	487	545
国民健康保険 (特会)	26603	35385	51864	36663
介護保険繰出 (特会)	26522	27887	28482	26687
補助金合計	70396	81927	99200	80620
国道補助金の増加指数	100	116.4	140.9	114.5
年度予算	465600	452400	480600	508040

2018 年度の国民健康保険の国道補助金が増加したのは市町村から道に管轄が移管したことによる

『よくわかることしの仕事』各年度版より筆者作成　増毛町企画財政課刊行

表12　増毛町における年度別福祉関連予算の増毛町の負担分

単位：万円

事業名	2016 年度 負担金額	2017 年度 負担金額	2018 年度 負担金額	2019 年度 負担金額
予防接種事業	646	626	538	499
インフル予防接種等	289	270	249	244
風しんの追加的対策事業	0	0	0	115
特定検診・保健指導	237	463	258	100
健康寿命延伸人材育成		1472	1755	1711
母子保健施策	632	383	350	370
がん検診等各種検診	868	860	887	871
保健推進活動事業	56	56	47	42
健康増進事業	61	40	26	16
減塩プロジェクト事業	0	0	0	25
自殺対策事業	0	0	0	5
町立市街診療所事業	7664	6344	8718	9406
福祉バス運転事業	454	454	461	476
社協補助事業	644	649	1359	1109
民生委員児童委員活動充実	88	117	73	48
老人クラブ連合会補助事業	19	19	29	26
老人福祉センター改修事業	252	85	0	0
老人保護事業	5713	4192	4255	5013
敬老会の開催	201	292	275	260
後期高齢者医療事業	10227	10487	9884	9916
高齢者福祉サービスの実施	258	97	100	102
介護予防支援事業	1002	1024	258	249
やすらぎ荘運営事業	406	400	309	293
地域包括支援センター運営	689	724	780	675
訪問介護サービス事業	0	0	0	166
養護老人ホーム運営事業	6963	6488	6917	7444
特養老人ホーム運営事業	4998	5861	6163	5919
ショートステイ運営事業	736	705	757	392
介護従事者確保対策事業	0	0	80	68
地域交通対策事業	0	59	44	44
保育所増築事業	23701	0	0	0
常設保育所運営事業	3224	3220	4044	5909

常設保育所施設整備事業	44	36	76	0
保育所広域入所委託事業	51	38	47	4
地域子育て支援センター事業	29	24	58	294
多子世帯子育て支援金事業	60	95	40	75
学童保育事業	101	111	113	129
乳幼児医療費助成事業	189	183	107	107
子ども医療費助成事業	0	240	240	340
ひとり親家庭医療費給付事業	81	86	56	65
未熟児養育事業	8	8	4	7
児童手当支給事業	779	753	704	651
障がい者福祉事業	3545	3601	3973	3842
重度心身障がい者医療給付	562	500	534	545
後期高齢者医療繰出金(特会)	3401	3300	3817	3592
国民健康保険繰出(特会)	5006	4772	4841	4987
介護保険繰出(特会)	15349	17007	17916	18156
負担金合計	99233	76141	81142	84307
一般会計に占める負担割合	21.32%	16.83%	16.88%	16.59%
年度予算	465600	452400	480600	508040

『よくわかることしの仕事』(企画財政課刊行) 各年度版より筆者作成

人件費については算出が困難なため含まれていない。もし含めれば30％に
達する値になると予測される。

　増毛町は福祉に多くの予算を配分しているが、事務事業はそれだけではな
い。その他に町民の生活を守るために多くの施策を実施している。**表13**は
施策の全体を示しているが、小規模自治体であっても151の事業を実施して
いる。

1) 増毛町の商・工・漁業の推移

　増毛町の自主財源は脆弱である。その中でも2020年度の町民税は7％に
過ぎない。その財源となる増毛町の商・工業・漁業はどのような状況にある
のか。**表14**は工業と卸・小売業に限定した数値である。卸・小売業の事業
所数は4％の微減であるが、従業員数、売上高は大きく減少している。工業

表13　増毛町で実施されている事務事業の概略

1　農林業 農業基盤整備事業 増毛町フルーツの里活性化プロジェクト事業 その他12事務事業	7　医療 町立市街診療所事業
	8　結婚・出産・子育て支援 結婚祝い金事業
2　漁業 水産振興事業 漁業資格取得補助事業 その他3事務事業	乳幼児等医療費助成事業 その他9事務事業
	10　高齢者福祉 地域包括支援センター運営事業 介護予防支援事業 その他11事務事業
3　商工業 商工会経営改善普及事業 水産加工振興事業 その他3事務事業	
	11　地域福祉 社会福祉協議会補助事業 老人クラブ連合会補助事業 その他3事業
4　雇用 冬季雇用対策事業	
5　観光 観光協会補助事業 増毛ミクニ塾運営補助事業 その他5事務事業	12　障がい者福祉 障がい福祉事業 重度心身障がい者医療給付事業 その他1事務事業
6　病気の予防・健康づくり 健康増進事業 減塩プロジェクト事業 その他8事務事業	13　社会保障 国民健康保険事業 介護保険事業 その他2事務事業
29　移住・定住・人口対策 移住促進事業 ふるさと納税推進事業 その他2事務事業	30　行政運営 予算概要書の発行 町職員の給与 その他10事務事業

14　生活環境 空き家等対策事業 ごみ処理事業 その他 10 事務事業	21　港湾・漁港 増毛港整備事業 その他 2 事務事業
15　道路・交通 町道維持管理業務 地方バス路線維持事業 その他 4 事務事業	22　土地活用と公共施設 町有施設解体事業 その他 1 事務事業
16　住環境 花いっぱい運動委託事業 新築住宅建設支援補助 その他 4 事業	23　幼児教育・保育 認定こども園運営事業 その他 2 事務事業
17　上・下水道 上水道量水器取替工事 その他 2 事務事業	24　学校教育 小中学校環境整備 その他 7 事務事業
18　情報通信 総合行政システム運用事業 財務会計システム運用事業 その他 1 事務事業	25　生涯学習 町民スクール運営事業 その他 5 事務事業
19　消防費	26　生涯スポーツ 増毛ラン 2020 その他 3 事務事業
20　防災・交通安全・防犯 災害用備蓄 その他 7 事務事業	27　歴史・郷土文化 芸術鑑賞会 その他 5 事務事業
	28　コミュニティ 広報誌の発行 その他 4 事務授業
	事務事業合計 　151 事務事業

44

表14　増毛町工業・商業の推移

単位：人、万円

区分	2014 年		2016 年	
産業別分類	工業	卸・小売業	工業	卸・小売業
事業所数	11	50	9	48
従業員数	100.0	100.0	82	96.0
	440	212	374	179
年間販売額・ 製造品出荷額	100.0	100.0	85	84
	1099939	788100	819736	714200
	100.0	100.0	74.5	90.6

増毛町町勢要覧資料編・2019 年 6、7 ページより筆者・中尾作成

　も同様である。この表には記載していないが、増毛町の主要産業に漁業がある。2008 年を起点にとると、漁協に加入している組合員数は 165 名、漁業従事者は 293 名、そして売上高は 22 億 16938 千円である。2016 年は組合員数 130 名、売上高は 29 億 51296 千円である。統計調査の時間的違いがあるのかは不明であるが、2018 年では漁協組合員数 122 名、ただし漁業従事者数は不明である。2017 年の売上高は 31 億 11177 千円である。漁協組合員数、魚業業従事者数は減少しているが、売上高は増加している。この要因は、親魚捕獲漁業から栽培漁業（養殖）に転換したことも大きな要因である。しかし漁業においても後継者難という大きな課題に直面している[13]。

2) 増毛町における町民組織と行政協働の福祉施策の推進

2)-1　増毛町独自の地域福祉充実策の推進

　増毛町の福祉施策は厚労省の推進する政策と祖語のない形で実施している。認知症総合支援事業実施要綱の策定と認知症初期集中支援チームの活動は、多くの成果を上げている。また特定健康診断の受診率が極めて低く、それを無料化することにより受診率を大幅に高めた。健康診断の結果、増毛町の町民は生活習慣病の発症者の多いことが明らかにされている。特に増毛町民は塩分を多く摂取する傾向にあり、それが原因で高血圧、心臓疾患、脳血管疾患、

糖尿病患者が多い。この事態を解決するために、増毛町は専門家を招き独自の減塩食品開発とその普及に取り組んでいる。その成果として、製品開発もさることながら減塩意識向上と減塩製品の普及が徐々に伸展してきている[14]。

2)-2　町民活動団体と行政の協働による地域福祉の推進

町民活動団体「ゆうゆうマーシー」の組織化の契機は、介護保険担当の役場の職員が中心となって、気軽なボランティア参加を目指したのがきっかけである。その後福祉に限らず、まちづくり、イベント、環境、生きがいづくり、異世代交流等を地域住民と行政の協働で推進し、〈支え合い・ふれあい〉のまちづくりを実現することを目的として組織された。結成された時期は必ずしも明確ではないが、2003 年に増毛町の事業を受託していることから判断すると、その年の 1 ～ 2 前と考えられる。マーシーの名称は増毛町のキャラクターであるカモメのマーシーに由来する。マーシーは専任職員がいないため、地域包括支援センター内に事務局を置き、センター職員が事務局を兼務している。2003 年から増毛町の地域住民支援事業を受託し実施している。マーシーの会員数は 2018 年度で 154 名である。

町民活動団体ではあるが、組織的には事実上〈半官半民〉である。小規模自治体ではこのようなことは多々あることであり、町民活動団体と自治体が互いに支援し合わないと福祉施策等の実施が不可能となる。

2)-3　フリーマーケット活動・地域通貨の普及と行政

マーシーの事業は多種多様である。その中で最も力を入れ、事業収入の多いのがフリーマーケット事業である。フリーマーケットの開催は随時となっているが、6 月、9 月の開催が多い。フリーマーケットに出される商品は古着、日用品、果物そして食品である。このマーケット事業への参加等には、準備、テント張り、後片付け等に種々のルールが課されている。そのルールは下記のとおりである。

＊出店者……純利益が 2,000 円以上あった場合のみ出店料として 500 円を事務局に納入する。買い物に使用した地域通貨マーシー（地域通貨の名称）

は事務局で現金に交換する。

＊不用品販売……雑貨類1点100マーシーと交換、衣類2点…1000マーシーと交換。

＊販売の手伝い……30分あたり500マーシー支給。

＊準備・後片付け……30分あたり500マーシー支給。

＊ご飯炊き、おでんづくり手伝い……30分あたり500マーシー支給。

地域通貨とフリーマーケットを組み合わせて地域通貨の活用を促進する狙いがある。

2)-4　地域通貨マーシー発行の目的と活動の現状

地域通貨マーシーの発行は1999年に増毛町民がお互いに交流し、助け合う手段として発行された。地域通貨の管理はゆうゆうマーシーが行っている。1000マーシーは100円換算である。換金費用はゆうゆうマーシーがフリーマーケット等で得た事業利益を年度予算に計上している。2018年度では85000円を計上している。MO酒店とM金物店が地域通貨で商品を購入できる店として参加している。また商工会の愛らぶマーシースタンプでポイントを獲得する事業にも参加している。例えば増毛町指定の生ごみ6リットル用のごみ袋は、125円＋1000マーシーで購入できる。ごみ袋を販売している店舗は、地域通貨をゆうゆうマーシーに請求して換金する仕組みである。

2)-5　増毛町の〈よってけ家〉活動と地域共生社会の形成・強化

〈よってけ家〉は、「ゆうゆうまーしー」に気軽に集まり交流できる場が欲しいという町民の要望で設置された。したがってあくまでも町民主体でつくられた交流の場である。交流の場である〈よってけ家〉の交流活動の概略は下記のとおりである。

〈よってけ家〉の建物管理は町民が主体的に管理し、そこでの活動は毎週水曜日、木曜日、10時〜15時まで、通年開放としている。〈よってけ家〉の町民交流活動の主なものは以下のとおりである。

＊手芸(雑巾縫い、編み物等)、＊町民の手作りグッズ販売、＊昼食交流会、＊

町民交流の機会をつくるマルシェの開催、＊健康寿命延伸事業の開催等である。

　これらの活動を通して増毛町の町民交流（地域共生社会の形成・強化）が活発に行われている[15]。この町民活動の評価については「4）町民活動団体マーシーの活動の現状と課題」で言及したい。

3　増毛町の地域福祉施策の推進と財政的課題

　2000 年に 6,167 人であった増毛町の人口は 2020 年 1 月の段階で 4,131 人である。20 年間で約 2,000 人の人口減少である。高齢化率は 2018 年で 44.2％であり、人口減と高齢化が進む町という意味では、道内ではごくありふれた町の 1 つである。

1）増毛町の福祉施策の現状と課題

　増毛町の高齢化率が 44.2％であり、行政は否応なく福祉施策を立案し推進する立場にある。厚労省は画一的な福祉政策を策定し、地方自治体に実施を求める。他方で、国家財政の悪化で福祉政策への支出は限られた事業に、そしてその額は現状維持か先細りとなっている。これが筆者のいう介護福祉施策の地方自治体への〈丸投げ〉である。新たな福祉施策を立案して実施するとなれば、その予算はすべて増毛町の負担になる。厚労省は社会保障等の予算の増加を可能な限り抑制するため補助金の削減、介護保険料の値上げ、介護サービス料の値上げ、給付率の削減等を実施している。

　厚労省は認知症支援実施要綱の策定を各自治体に義務付けた。増毛町も要綱を策定し、それに基づき認知症初期集中支援チームを立ち上げ、活動を開始している。医師 1 名と専門職 2 名で対応しているが、認知症の増加が見込まれる中で現在のスタッフで持続的な対応が可能かが懸念される。他方で、増毛町の介護・福祉・医療部門の人材確保が喫緊の課題であるが、人材確保それ自体が困難をきたしている。増毛町において、これまで特定健康診断の受診率が低水準に止まっていた。広報体制が機能していなかったのかは必ずしも不明であるが、受診料を無料にする広報と相まって町民の健康への関心

が高まったということもあり、受診率が大幅に向上した。診断データから、増毛町民が心臓病等の生活習慣病に罹患している割合の高いことが検証された。その意味からも、増毛町福祉厚生課が推進している減塩食品の開発・普及活動は他の介護福祉施策と比べても遜色のない生活習慣病の予防、介護予防策である。

2) 地域包括支援センターの活動の現状と課題

　2018年度支援センターの予算は2,789万円である。決して多くはない予算と6名のスタッフで多様な事業を実施している。その中で大きな位置を占めているのは在宅サービス事業の実施である。そのサービス事業の中心は通所介護、訪問介護・看護である。要介護者のケアプラン作成数が増加しており、在宅サービス事業の町民ニーズが高まっていると判断できる。ここでも人材確保が重要な課題となっている。人材確保のために奨学金、処遇改善等に取り組んでいるが、その効果は未だ明確な形で必ずしも現れてはいない。

　支援センターの委託事業として、市民活動団体ゆうゆうマーシーへの支援事業がある。増毛町の地域包括ケアシステム推進の大きな特徴として、町民組織（地域組織）と支援センターが協働で実施していることである。

3) 増毛町社会福祉協議会（以下「社協」と略）の活動と課題

　増毛町社協の活動は、増毛町からの受託事業の事務局の役割が中心であって、社協独自の事業展開はほとんどなかった。このことは増毛町社協特有の在り方というのではなく、他の自治体の社協も同様である。このような状況の中で、2016年度から有償ボランティア組織〈生きがい活動事業団〉（以下「事業団」と略）の設置に動いた。事業団活動には大きくは2つある。第1は、〈住民主体の助け合い・支え合い〉事業、第2は、〈おたがいさま活動〉を推進している。前者は新しい事業ということで研修会から始めている。後者は介護予防プログラムである。これらの事業は社協がリーダーシップをとって実施しているとはいえ、町民の協力がないと動かない。ここでも増毛町特有の町民と社協の協働が顕著に現れている。もちろんすべてがうまくいっているの

ではない。利用者、ボランティアの高齢化が進んでいることである。この事態は増毛町特有の課題ではない。道北地域の自治体に共通する課題である。

4) 町民活動団体マーシーの活動の現状と課題

　マーシーの組織会員は154名で、この人員で多種多様な事業を展開している。その主なものはフリーマーケット、町民の交流拠点〈よってけ家〉、そして地域通貨マーシーの発行と管理である。そのほかに配食サービスを実施しているがここでの分析では取り扱わない。フリーマーケット実施の企画立案、実施それ自体はエネルギーを必要とする高密度の交流事業であり、他方でマーシーの主要な活動財源と目標なっている。また地域通貨マーシーはフリーマーケットで使用される主要な〈場〉でもある。

　町民交流の場である〈よってけ家〉もマーシーの主要な事業の1つである。〈よってけ家〉での交流活動は極めて活発である。マーシーが実施するフリーマーケット、〈よってけ家〉活動、そしてそれらを繋げる地域通貨活動が増毛町の介護福祉施策の実施において、とりわけ地域包括支援システムの推進に不可欠の要素となっている。これだけの活動の質量実績を持つ地域組織マーシーは道北地域の他の小規模自治体と比較して稀有の事例ではない。形態、種類は異なるが、道北地域の42自治体に共通して住民組織と行政の協働が行われている。

　もちろん課題がないわけではない。第1に、マーシーの会員数の頭打ち、第2に、会員の高齢化にとも会う活力の低下、第3に、地域通貨活用の停滞である。これらについては決定的解決策はないが、マーシー活動の持続性を維持するために困難ではあるが、新たな会員のリクルートが重要となろう。マーシーと行政との連携・協働による介護福祉施策の推進にとって、マーシーによる地域活動の存在は少子高齢化の進む増毛町にとって地域共生社会を維持する最も重要な〈地域資源〉の1つである。

　しかし事態はより深刻な状況になりつつある。このような町民の自治活動は自治体の規模を問わず何処の自治体においても見られる。増毛町民の自治活動は住民活動団体のゆうゆうまーしーが主導し自治体がそれを支援する協

働の仕組みになっている。これらの多様な活動は町民にとっても生きがいを与えるものであり、町民間のコミュニケーションを含む交流を活性化している。この活動を共同性の再構築、維持あるいは共生社会の形成を具現化したということは簡単であるが、必ずしもそれがすべてではない。この活動の形成こそが自治体各種福祉施策を実施する母胎となっていることである。これが増毛町の地域共生社会の第 1 ステージであることは確かである。

　福祉施策の協働の一方の担い手である町民にとっても、他方の自治体にとっても、ひたひたと押し寄せる人口減少と高齢化の進捗で自治活動の担い手層が急速に蚕食されてきている。したがって 5 年から 10 年先の自治活動がどのように維持されるのかの将来展望は不透明である。財政の弱体化と相まって、福祉施策推進の協働の担い手が失われつつあるということは、地域共生社会の存立基盤にとって極めて深刻な問題である。この意味で、増毛町は共生社会の第 2 ステージへと徐々に移行しつつあるといえる。

6. 音威子府村の一般会計・特別会計の歳入・歳出構造の特質

　音威子府村は前記したように"道内で最小の人口の村"、というキャッチコピーで有名である。音威子府村の産業に関する統計が入手困難なため「音威子府バイオマス産業都市構想」(2016年)計画等に掲載されている統計を参照せざるを得ない状態である。したがってデータとしてはやや時間差はあるが、産業構造を事業所構成、就業構成の2つの指標から明らかにしてみたい。

　2012年度の事業所構成のデータは単年度ではあるが、2012年以前から事業所数は減少している。2012年度の事業所総数は73である。卸・小売業15.2％、サービス業11％、宿泊・飲食サービス10.1％が3大事業所分野である。音威子府村の主力産業は農業及び林業であるが事業所数は1.1％であり、農業はほとんど個人として営まれているため構成比は微々たるものとしてしか現れない。

　2000年度と2010年度の産業別就業人口の推移を見ると、第1次産業は15.0％から11.0％へと減少傾向にある。就業者数は97人から54人へ減少しており、農家の高齢化および担い手不足、離農により今後も農業従事者数が一層減少する可能性がある。2000年度の第2次産業の就業比率は21.9％、141人、その内建設業が19.8％、製造業が2.0％である。2010年度では、それらが27.2％、134人になっている。就業者数が減少しても、全体の産業が衰退しつつあるため第2次産業、とりわけ建設業の比重を23.4％へと高めている。この建設業の比重が大きくなる傾向は、小規模自治体において公共工事の受注との関連で多く見られる。3次産業では、2000年度において62.9％、

52

406 人、その内訳はサービス業 35.0 ％、卸・小売業 9.1 ％である。2010 年度
では 61.8 ％、304 人と人口減少に伴い卸・小売業が縮小している。2000 年度
の就業者数 645 人から 2010 年度は 492 人と大きく減少している。これが音
威子府村の産業の現状である[16]。

　人口 715 人（2020 年 4 月）の村の財政状況はどのような内容になっているの
か。第 1 に、自主財源であるが、村税はやや回復基調にあるとはいえ 2020
年度において 4.42 ％である。前記した産業の状況から見れば、村税が自主財
源の主軸になりえないことは明らかである。自主財源の主な財源は寄付金・
繰入金収入である。しかし前記した自主財源比率は 2016 年度の 16.96 ％〜
2019 年度の 23.61 ％の範囲にある。2020 年度は 18.75 ％であり、役場総力を挙
げての努力を重ねても、総予算は 2020 年度において 19 億 8300 万円まで落
ち込んでいる。他方で、2020 年度の依存財源は総予算の 81.24 ％に達している。
依存財源の主力は地方交付税の 66.56 ％（2020 年度）である。村債は予算全体
を絞り込むことによって 5.25 ％（2020 年度）に抑制している。北海道庁、旭川市、
そして小規模自治体はなおさらであるが増毛町も地方交付税の予算に占める
割合は高い。更に小規模の音威子府村は自主財源が極端に少ないためにそれ
だけ地方交付税への依存が高い。音威子府村は財政の視点から見て自治体と
して存続できるのかという問題が生じてくる。存続のカギとなるのは地方交
付税がこのままの額で交付されるかにかかっている。2019 年までは約 12 億
円前後で一定していたのが、2020 年度になって 1 億円ほど増額されている。
たとへ単年度で 1 億円が増額になろうとも、国の財政難に伴う日本型福祉国
家崩壊の危機も、音威子府村の危機も変わるわけではない。

　ところで 2016 年度の予算が他の年度と比較して極端に多いのは音威子府
村福祉交流拠点地域複合施設ときわ（以下「ときわ」と略）の建設予算が組まれ
ていたからである。ときわの役割等については後述するが、建設事業費は
建設本体工事、機械設備工事、電気施設工事、工事監理委託を合わせて総
額 7 億 2732 万 7000 円である。音威子府村の 2018 年度年予算を例にとれば、
年予算の 34 ％を占める巨額の工事である。しかも国庫支出金、道支出金の
補助はない。すべて過疎対策事業債 6 億 1430 万円、村が積み立ててきた公

共施設整備基金 5000 万円、そして一般財源からの 6302.7 万円の支出である。もちろん過疎対策事業債が後に地方交付税で補填されるということはあるが、後述するように 30％は音威子府村が負担する。

厚生施設等の建設に認められる過疎対策事業債は過疎対策自立促進特別措置法により過疎地域に指定された市町村に認められる過疎対策事業債である。音威子府村が自立促進計画を策定し（ときわ建設計画）、それを道に提出し、道から総務大臣に提出する。総務大臣が道に音威子府村の事業債発行について同意した旨を伝え、道が音威子府村に事業債発行を許可する、という過程をたどる。充当率は通常 100％である。留意すべきは、事業債の元利償還金の 70％が普通交付税の基準財政需要額に算入されることになっている。したがって事業債の 30％、約 1 億 8429 万円が音威子府村の負担額となる。

音威子府村は毎年度村債を発行してきている。2016 年度は前記したように「ときわ」建設のために多額の過疎事業債を発行したが、2017 年度以降村債発行を最小限にとどめようと努力している。それでも毎年 2 億円から 3 億円超の村債を発行している。抑制の成果が出てきたのは 2019 年度からである。過疎事業債の償還は始まっていないが、それでも 2016 年度の村債の償還額は 1 億 7734 万円ある。2020 年度の償還額は 3 億 2042.5 万円である。音威子府村の予算規模からすれば、3 億円超の償還額（公債費）は極めて厳しい額である。累積された地方債（村債、過疎事業債）があり、今後とも綱渡りの財政運営が強いられる。

過疎事業債を発行し、公共施設整備基金を取り崩し、一般財源をもつぎ込んで建設した「ときわ」をどのように評価すべきか。財政運営の視点からすれば、村民・村長・議会の決断は無謀であったと評価されてしかるべきかもしれない。他方で、村民福祉の水準を向上させ、村民の生活を維持したという視点からは別の評価があるのではないのか。それについては後述する（**表15** 参照）。

表 16 は音威子府村一般会計における民生費の推移である。民生費は福祉関連の予算で占められているが、医療費については衛生費の中の保険医療に含まれているため当該自治体の医療福祉関連予算を民生費ですべて見るのに

54

表15 音威子府村の年度別歳入予算

	2016 年度	総予算の割合	2017 年度	総予算の割合	2018 年度
自主財源					
村税	7816	2.56%	8220	3.84%	8503
財産収入	1841	0.60%	2075	0.97%	2138
諸収入	1608	0.54%	1603	0.75%	1809
寄付金・繰入金等	40461	13.26%	36877	17.23%	43557
内訳：ふるさと納税寄付金	30		35		70
自主財源合計	51756	16.96%	48775	22.79%	56007
依存財源					
地方消費税交付金等	6895	2.26%	7095	3.32%	7245
村債	112450	36.84%	21110	9.86%	34620
道支出金	3285	1.08%	3443	1.61%	6521
国庫支出金	10845	3.55%	13577	6.34%	19006
地方交付税	120000	39.32%	120000	56.07%	118000
依存財源合計	253475	83.04%	165225	77.20%	185392
一般会計歳入予算額	305200	100.00%	214000	100.00%	241400

音威子府村一般会計予算の各年度版より筆者作成、音威子府村総務課総務財務室刊行

　は適切ではない。その点は増毛町の分析においても指摘した。2016年度の民生費が他の年度と異なって大きく膨らんでいるのは、前記したように〈ときわ〉建設にかかった費用のためである。また2018年度の予算が増加しているのは臨時財政対策債の発行による。予算の不足による赤字村債の発行である。それを除いても、毎年の民生費が増加傾向にある。表17で明らかにするが、医療費等は衛生費の保健衛生費に計上されていて、両者を合算する必要がある。音威子府村も、増毛町も村立、町立の診療所を持っているため、その予算額は人件費を含めるとかなりの額になることに留意したい。
　表17は、一般会計から福祉関連の特別会計への繰り出し金（補填）の年度別推移である。国民健康保険の繰り出し金のシステムは他の特別会計とやや異なるが実態は財源不足を一般会計から補填していることに変わりはない。介護保険の財源は税（国25％、都道府県12.5％、市町村12.5％負担）と保険料

単位：万円

総予算の割合	2019 年度	総予算の割合	2020 年度	総予算の割合
3.52%	8395	3.94%	8759	4.42%
0.89%	3319	1.56%	2088	1.05%
0.75%	1579	0.74%	3130	1.58%
18.04%	37025	17.37%	23195	11.70%
	150		300	
23.20%	50318	23.61%	37172	18.75%
3.00%	7290	3.42%	6902	3.48%
14.34%	17030	7.99%	10410	5.25%
2.70%	3319	1.56%	3240	1.63%
7.87%	13355	6.27%	8577	4.32%
48.88%	123000	57.72%	132000	66.56%
76.80%	163994	76.39%	161129	81.24%
100.00%	213100	100.00%	198300	100.00%

50％で構成される。2020 年度の介護保険事業勘定繰入金 2028.8 万円、介護保険サービス事業勘定繰入金 2708 万円の使途を明らかにしたい。

　ところで 2020 年度の介護保険特別会計の保険事業勘定の歳入総額は 6120 万円である。主な歳入項目として、村民の第 1 号被保険者が払う介護保険料 746.9 万円、国庫支出金 1122.3 万円（介護給付費負担金、調整交付金等）、道支出金 680.9 万円（介護給付費負担金、地域支援事業交付金等）、支払基金交付金（第 2 号被保険者保険料、国、都道府県の負担分）が 1240.1 万円である。これに一般会計から 2028.8 万円が繰入金として加えられる。その内、介護給付費繰入金 590.8 万円、事務費繰入金 1430 万円が主なものである。この一般会計からの繰入金である介護給付費繰入金 590.8 万円の数値の根拠は次のとおりである。音威子府村の第 1 号被保険者が利用する介護サービス利用料、2020 年度見込みとして国保連合会からの 4502 万円（介護保険請求する事業者に支払われる金

表16 音威子府村一般会計における民生費の推移

単位：万円

一般会計当初予算額	当初予算	民生費	民生費／当初予算	2012 年度を 100・増加指数
2012 年度	214717	17296	8.00%	100
2013 年度	238100	18126	7.60%	104.8
2014 年度	198500	17051	8.60%	98.6
2015 年度	214000	20813	9.72%	120.3
2016 年度	305200	93117	30.51%	538.4
2017 年度	214000	24553	11.50%	141
2018 年度	241400	23275	9.64%	134.6
2019 年度	213100	23593	11.10%	136.4
2020 年度	198300	23231	11.72%	134.3

「広報おといねっぷ」の各年度版、音威子府一般会計予算 2016 年度〜 2020 年度版より筆者作成

表17 音威子府村おける福祉関連特別会計への年度別繰り出し金

単位：万円

	2016 年度	2017 年度	2018 年度	2019 年度	2020 年度
後期高齢者医療繰出金特会	659	695	802	684	1044
国民健康保険繰出（特会）	2935	3368	1407	1416	1066
介護保険事業繰出（特会）	2049	1963	1977	2038	2029
介護保険サービス事業	2848	3038	2845	2990	2708
繰り出し金合計	8491	9064	7031	7128	6847
一般会計予算に占める割合	2.78%	4.23%	2.91%	3.34%	3.45%
一般会計予算	305200	214000	241400	213100	198300

『音威子府村一般会計予算』(音威子府村総務課財政室刊行) 各年度版より筆者作成

額) が特別会計に歳入として組み込まれる。その金額の 12.5％に地域支援事業の村負担分 (90.5 万円× 12.5％、86.6 万円× 19.25％) を加えた 590.8 万円が村の国保連合経由で基金に支払う負担分である。事務費は一連の作業費用である。このことから介護特別会計は確かに一般会計からの繰入金がないと財源不足になり立ちいかなくなる[17]。

　2020 年度介護保険特別会計サービス事業勘定の歳入総額は 3280 万円である。主要な歳入項目は居宅介護サービス収入 (デイサービス利用料 496.1 万円) と一般会計繰入金 2707.5 万円である。これら 2 費目がデイサービス事業の委託料と備品購入 3257.2 万円に支出される。サービス事業勘定は一般会計からの繰入金がないと運営ができないのが実態である。

　表 18 は国保、介護保険、後期高齢者医療の年度別予算の推移である。この数値だけでは特別会計の窮迫はよくわからない。しかし表 14 に示されるように、年度予算が減少していることもあり、繰り出し金合計額が減少しても繰り出し金の一般会計に占める割合は年々増加している。一般会計からの繰入金がなくては特別会計が成り立たないことを示している。音威子府村のような小規模自治体の特別会計が一般会計からの繰入金だけでは限界がある。そうであるとすれば、国、道からの支出金が不可欠である。

　表 19 は特別会計の国・道の支出金の推移である。介護保険の国・道の支

表 18　音威子府村国保・介護保険・後期高齢者医療事業特別会計の推移

単位：万円

	2016 年度	2017 年度	2018 年度	2019 年度	2020 年度
国民健康保険	10700	11400	9600	10350	9700
介護保険	5390	5080	5200	5610	6120
介護保険サービス事業	3130	3420	3490	3690	3280
後期高齢者医療事業	1340	1400	1500	1450	1880
合計	20560	21300	19790	21100	20980

「広報おといねっぷ」の各年度版、特別会計予算各年度版より筆者作成

58

表 19　音威子府村特別会計の国保・介護保険・後期高齢者医療保険への国・道補助金の推移

単位：万円

	2016 年度	2017 年度	2018 年度	2019 年度	2020 年度
国民健康保険	2025	2714	6438	6592	6139
介護保険	1458	1359	1382	1565	1803
介護保険サービス事業	0	0	0	0	0
後期高齢者医療事業	0	0	0	0	0
合計	3483	4073	7820	8157	7942

音威子府村の特別会計予算各年度版より筆者作成

出金は微増と言える。これに対して国保は 2018 年度から大きく増加してい
る。これは国保の所管が市町村から道に移管されたことによる。それと同時
に音威子府村国保特別会計の歳入費目の費目変更がある。2017 年度国保特
別会計の歳入項目は国庫、道支出金、療養給付費交付金、前期高齢者交付金、
共同事業交付金に区分され、その総額は 5422 万円である。2018 年度の 6438
万円と比較するとやや少ないが、国・道支出金を単純に加算した額の 2 倍に
なる。1000 万円ほどの歳入差額があるが、これらは前記した費目が改変され、
例えば共同事業交付金費目それ自体の名称は残してあっても、予算額はゼロ
に近く他の費目の中に組み込まれている。それらについては予算書だけでは
十分把握できない。2018 年度以降、国庫支出の事業項目及び予算、療養給
付費交付金、前期高齢者交付金等はすべて道支出金の中に組み込まれた。国
庫支出金は特別会計の中にほとんど計上されていない。

　2020 年度の国保特別会計の歳入予算は 9700 万円である。国・道からの
支出金は 6139 万円であり、63.3％を占めている。一般会計からの繰入金は
1066 万円であり、約 11％である。残りを村民が払う国民健康保険税等で賄っ
ている。国・道からの補助金が減額されれば一般会計からの繰入金を増額せ
ざるをえなくなる。国保特別会計を維持するためには音威子府村の財政運営
は極めて厳しい局面に立たされる。

　表 20 は増毛町と音威子府村で実施している医療福祉関連事業の比較表で

ある。表 9 では増毛町と旭川市の事業数の比較表を分析してみた。そこには総務関連事業を除外してある。総務費、建物管理（修繕等）、それを入れると事業数が極めて多くなる。医療福祉関連事業を遂行・維持していくためには、備品管理・購入、消耗品、光熱水料、保険料、通信、システム管理等無数にある。それらは管理運営費等言う形で事業として挙げられている。総額は民生費と衛生費内の医療関連費目で把握することはできる。

　音威子府村の医療福祉事業数が増毛町よりも多いということである。増毛町の人口は 2018 年で 4,392 人、一般会計予算額 48 億 600 万円、2018 年の音威子府村の人口 770 人、一般会計予算額は 24 億 1400 万円である。増毛町は人口にして 5.7 倍、予算額で約 2 倍である。増毛町の医療福祉関連事業は 54 事業、音威子府村は 60 事業である。

　増毛町と比べて人口で約 1/6、予算にして 1/2 という音威子府村はどのようにして村民の医療福祉の生活を維持しているのか。増毛町と比較して人口、予算で少ないということだけではなく、総体として地域資源が過少という問題がある。産業面、雇用面、医療施設、介護福祉施設等で増毛町と比較して劣位にある。村内だけでは医療福祉系の需要に見合うサービス供給をできない。それを委託という方法で解決している。もちろん増毛町も委託は多いが、増毛町より数的に多い事業を村内の人的資源、事業者、そこで不足する場合は近隣の市町に委託して、費用の抑制に腐心している。

　前記したように、医療福祉系の事業費は民生費だけではなく衛生費に含まれる医療関連費を合わせる必要がる。2018 年度の衛生費に含まれる医療関連費には多額の保険衛生総務費が含まれる。検診に関わる賃金、報酬そして最も多くかかる費用は村立診療所の医療従事者の給与、さらには医療機器の更新等に関連する費用である。これらを総計すると 1 億 8331 万円である。この予算額を民生費の 2 億 3275 万円に加算し、2018 年度の総予算で除すると 17.2％になる。医療関連予算は年度により医療機器の更新によって多少は異なるがほぼ経常費であり、2020 年度で同様の計算をすると 20.8％である。増毛町も町立の診療所を設置しており、民生費に約 8％〜 10％を加算したものが総予算に占める比率と考えられる。増毛町も毎年 20％をかなり上回る

表20 医療福祉関連事業比較

増毛町福祉関連事業名		音威子府村福祉関連事業名	
事業名		事業名	
予防接種事業		予防接種委託料	医療従事者住宅除雪事業
インフル予防接種等	子ども医療費助成事業	各種検診委託料	遺族会運営補助金
風しんの追加的対策事業	ひとり親家庭医療費給付	肺炎球菌予防接種委託料	AED 借り上げ料
特定検診・保健指導	未熟児養育事業	歯科医院助成金	緊急通報システム端末使用料
健康寿命延伸人材育成	児童手当支給事業	診療所救急診療運営助成金	美深地域訪問看護ステーション負担金
母子保健施策	障がい者福祉事業	診療所管理運営助成金	救急医療啓発普及費負担金
がん検診等各種検診	重度心身障がい者医療給付	全国自治体病院協議会会費	除雪サービス借り上げ料
保健推進活動事業	国民健康保険事業（特会）	乳幼児医療費助成	除排雪サービス事業委託料
健康増進事業	介護保険事業（特会）	養育医療費助成	低所得者利用負担減免負担金
減塩プロジェクト事業	児童福祉手当支給	児童手当	機能回復訓練事業委託料
自殺対策事業	母子福資金貸付事業	地域活動支援事業委託料	訪問・居宅介護事業補助金
町立市街診療所事業	特別児童扶養手当支給	移動支援事業委託料	保養センター入館料負担金
福祉バス運転事業	障害児福祉手当及び	旭川市保護司会負担金	生きがいセンター運営補助金
社協補助事業	特別障害者手当支給	名寄地区障害者認定審査会負担金	上川北部地域第二次救急医療負担金
民生委員児童委員活動充実	国民年金業務	社会福祉協議会運営補助金	保健活動連絡協議会負担金
老人クラブ連合会補助事業	生活保護法に関わる援護	保護司会音威子府分会補助金	不妊治療費助成費
老人福祉センター改修事業	生活福祉資金貸付事業	民生委員児童委員協議会運営補助金	妊産婦検診通院費助成金
老人保護事業		妊産婦検診助成金	新生児聴覚検査費助成金
敬老会の開催	2018 年度増毛町	後期高齢者医療費事務費拠出金	股関節脱臼検診助成金
後期高齢者医療事業	一般会計予算	障害福祉サービス費等負担金	特定疾患等患者通院費助成金
高齢者福祉サービスの実施	480600（万円）	身体障碍者補装具給付金	食品衛生協会補助金

介護予防支援事業		身体障碍者日常生活用具給付費	敬老会記念品
やすらぎ荘運営事業		地域活動支援事業委託料	金婚式記念品
地域包括支援センター運営		福祉灯油	長寿祝い金
訪問介護サービス事業		生きがいデイサービス事業運営委託料	介護保険特別会計繰出金
養護老人ホーム運営事業		老人クラブ連合会補助金	国民年金特会計繰出金
特養老人ホーム運営事業		後期高齢者医療費療養給付費負担金	
ショートステイ運営事業		精神保健協会負担金	2018 年度音威子府村
介護従事者確保対策事業		精神障害者等通院費助成金	一般会計予算
地域交通対策事業		精神障害者医療費助成	241400 万円
保育所増築事業		重度身体障害者医療費助成	
常設保育所運営事業		障害者医療費等等負担金	
常設保育所施設整備事業		ひとり親家庭等医療費助成	
保育所広域入所委託事業		子ども発達支援センター事業運営負担金	
地域子育て支援センター		名寄地域子ども発達支援推進連絡協議会負担金	
多子世帯子育て支援金事業		出生祝い金	
学童保育事業		育成医療費助成	
乳幼児医療費助成事業		上川管内保育協議会負担金	

増毛町 2018 年度一般家計予算福祉予算費目、音威子府村 2018 年度一般家計予算福祉予算費目より筆者作成

比率を医療福祉に支出している。小規模自治体は医療福祉の予算規模からい
うと宮本太郎の言う福祉自治体と呼称してもよい。しかし自主財源が極めて
脆弱な中で、財源のほとんどを依存財源に頼らざるを得ない状況からすれば、
福祉自治体という名称を超越している。

7. 音威子府村の地域複合施設「ときわ」の建設と
地域医療福祉施策の集約

1 音威子府村の高齢者福祉計画と村民参加

音威子府村は「高齢者・要介護者が住み続けられる環境構築」を目指し、医療・介護・福祉サービスや生活支援が切れ目なく提供できる体制の構築を構想した。この構想自体は音威子府村第7期介護保険事業計画・高齢者保健福祉計画で提起されていた[18]。特にその体制づくりの中心に住民参加による構想案を置いた。住民参加による高齢者を支える地域づくり構想を提起していくことを目的とした住民参加型会議「おといねっぷ安心生活構築研究会」、通称「音安研」(おんあんけん)を開催した。音安研の構成員は、地域包括支援センター職員、介護サービス事業従事者(訪問介護・通所介護)、家族介護経験者、診療所看護師等実際に現場で仕事に従事している者によって構成されている。

事業所の代表者あるいはセンター長当の充て職の者は入っていない。この研究会は2013年に住民参加型高齢者生活支援事業を立ち上げた際に結成された。2020年の現在も地域の生活課題や介護支援に関する課題について議論し、解決する方策を研究し、行政に提起する会として積極的に活動している[19]。

ところでこの音安研活動の成果として提起されたのが「音威子府村福祉交流拠点地域複合施設ときわ」につながる提案である。

1) 音安研活動と村づくり

音安研はむらづくりの目標を、「人と(家族)と自然のぬくもりを感じなが

ら本人の希望する生活を大切にできること」に設定した。その目標を提案と
してまとめたのが以下の事項である。

　・家族が来てもくつろげる場所

　・散歩できる芝生など

　・住民との関わり、住民が自由に使えるスペース

　・趣味を楽しめる場所づくり

　・買い物に困らない

　・家庭的で温かみがある部屋

　・顔見知りの人が自由に出入りする

　・家事や介護含めた助けが必要な時に気軽に助けてくれる

　これらの提言が音安研と役場との話し合いのなかで〈ときわ〉という地域
複合施設の建設に結実する。

2) 地域複合施設ときわの予算の内訳

　前記提案を施策として組み込み、実現したのが福祉交流拠点地域複合施設
の建設である。その施設は 2017 年に完工したが、建設地区は、音威子府村
駅を背にして左側の隣接地区で駅舎から約 150 mほどの距離である。建設費
用の総額は、合計 72732.7 万円（建築本体工事、機械設備工事、電気設備工事、工
事監理委託）である。この金額は、2016 年度歳出予算 305200 万円の 23.8％を
占める。

　この建設予算の内訳は以下の通りである。

　建設予算（土地取得価格は除外）

　・基本設計に 200 万円、実施設計に 2300 万円

　・音威子府村地域複合施設新築工事建築本体工事 425,098,800 円
　　音威子府村地域複合施設の新築に係る建築本体工事。2016 年 7 月 25 日
　　〜 2017 年 5 月 20 日

　・音威子府村地域複合施設新築工事機械設備工事 186,008,400 円 音威子府
　　村地域複合施設の 新築に係る機械設備工事。2016 年 7 月 26 日〜 2017
　　年 5 月 20 日

・音威子府村地域複合施設新築工事電気設備工事 98,712,000 円

音威子府村地域複合施設の新築に係る電気設備工事。2016 年 7 月 25 日
〜 2017 年 5 月 20 日[20]

　前記したように、この複合施設建設にあたっての財源は国庫支出金、道支出金の補助はない。すべて過疎対策事業債 6 億 1430 万円、村が積み立ててきた公共施設整備基金 5000 万円、そして一般財源 6302.7 万円の支出である。事業債の元利償還金の 70％が普通交付税の基準財政需要額に算入されることになっている。したがって事業債の 30％、約 1 億 8429 万円が音威子府村の負担額となる。2016 年度の音威子府村の歳入予算の自主財源が約 17％であり、財政の先行きが見通せない中でこの複合施設建設は大きな決断であったと推測される。

2　「ときわ」への地域医療福祉機能の集約と音威子府村におけるその意味

1) 地域複合施設ときわの構造と機能

①介護や支援が必要な高齢者（軽介護度者）向けの「居住施設」が 1 階および 2 階に 14 室ある。各室にはトイレやミニキッチン、収納スペースが設けられている。同スペースには、入居者用の浴室と洗濯室、そして約 40 ㎡ほどの食堂・居間スペースも両階にある。

②「デイサービスセンター」は、居住施設とは別に玄関口が設けられており、食堂、浴室、多目的ルームがある。

③医療・介護・介護予防・生活支援・住まいの 5 つのサービスを一体的に受けることができる支援体制、「地域包括システム」の拠点施設の地域包括支援センターがある。

④子どもから高齢者まで、多世代にわたり広く集い交流ができる地域の憩いの場として、「地域コミュニティ・スペース」がある。

⑤村立診療所、地域包括支援センター、その業務を受託している社会福祉協議会がときわ内に併設されている。

ボランティアや交流を通じた体験活動、住民有志団体の活動の場としての

活用、子育てに関する支援の拠点、気軽に立ち寄れるサロンとしての活用など音安研で提起された機能が配置されている。

高齢者等入居施設では、高齢者及び障害者世帯に向けた居住サービスである。介護支援を必要とする者(軽介護度を想定[介護度3未満])が安心して生活ができるよう、サービスを利用することにより、住み慣れた村での生活をサポートする役割がある。

短期宿泊事業では、介護世帯が、突発的事情で介護高齢者を村に一人で残さなければならない場合を想定した宿泊事業であるが、介護認定されていない者、障害を持っている者等の利用も想定している。

地域包括支援センターは社会福祉士、保健師、介護支援専門員の3職種配置体制である。基本的に、住民課保健福祉室内の職員の兼務である。事業内容は、介護予防教室、退院・転院の調整、住民等への広報・啓発活動、介護保険法や障害者総合支援法の対応を行う訪問支援・相談、診療所・社協との連携調整を行っている。

地域複合施設ときわ内に併設されている村立診療所と地域包括支援センター、高齢者宿泊施設、社協との連携は下記のようにまとめることができる。

①診療所機能を有効に活用することで、これまで不足していた介護サービスの充実につなげる。

②併設することで、高齢者等の通院及び受診が容易になり、診療所の経営の安定性が確保される。

③社協をときわ内に移設することにより、社協への委託事業を通して保健福祉室、地域包括支援センターの連携がより緊密にかつスピード感を持って実施できる。

④医療福祉の24時間体制を構築できることで、村民の村外転出を減少させ、できる限り村で住み続けられる体制ができ、他市町村からの移住も見込める。

⑤駅に近く立地的に世代間や障害者交流の拠点として、村の中心部を活性化させる核となる環境(空間)が形成できる。

社会福祉協議会と地域包括支援センターとの業務をめぐる連携は次のよう

1階

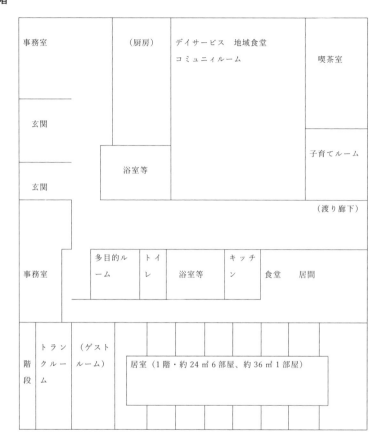

2階

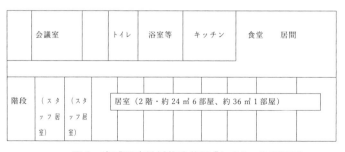

図6　音威子府地域複合施設「ときわ」の平面図

「広報おといねっぷ」2017年8月号より野原真由作成

に要約される。

①地域包括支援センターと社会福祉協議会等のケアマネジャーを含む関係者によって構成される担当者会議を実施している。この担当者会議を定期的に実施することで、各介護・介護予防における素早い課題解決と目標の確認・修正を随時行っている。また、会議の結果は事業評価にも反映させ、年度ごとの目標・事業の見直しに結びつけている。

②保健・医療・福祉の連携体制は、地域全体や関係機関との情報交換、サービスの調整が必要となるため、保健・医療・福祉の各種会議の充実と日常的な連携が重要となる。特に個別事例の情報交換は、社協と地域包括支援センター、居宅介護事業所等で構成されるケア会議で行っている[21]。

2) 小規模自治体音威子府村における地域福祉施策の推進と課題

音威子府村の人口数、財政構造の条件下で地域福祉施策を実施するということは多くの課題を克服する必要がある。音安研で検討・提案した企画が地域複合施設〈ときわ〉として結実したが、2016年の財政構造とその後の財政状況を展望した時、村長以下役場の上層部はそれなりの決断が必要であったと考える。医療・介護・福祉機能を集約したときわが、音威子府村という小規模自治体固有の問題とその克服方法に限定されるのではなく、我が国の人口減少に直面している小規模自治体の地域福祉施策推進の一つのリーディング・モデルになる可能性がある。

この医療機能、介護機能、居住機能をときわに集約したことを地域包括支援システムとの関連でどのように評価すべきであろうか。ときわを介して、各機能を遂行する組織間の物理的距離をゼロ化することにより、

第1に、各組織が遂行する機能に関して、ケア会議を介してかつ逐次的に情報が効率的・効果的に各組織で共有されていることである。

第2に、村内に散居している高齢者への在宅介護が困難になってきた場合には、住居機能を活用して在宅から〈ときわ内在宅〉に転換してより効果的な医療・介護サービスを提供できることになったことである。

第3に、ときわ内のデイサービスを活用することにより介護予防、更には

地域コミュニティルームあるいは食堂を活用して村民間の交流を活性化させることに寄与することである。

　第4に、これこそが重要であるが、音威子府村をときわ内に〈包括〉することにより効率的・効果的な高齢者・障害者の自立支援を可能にしたことである。北海道内最小の自治体にとって、医療・看護・介護・福祉関連相談・住機能をすべて一つの地域複合施設に集約することで、住民がそれらのサービスを物理的距離がゼロの中で享受できるようになったことである。

　住民票を移している高校生を含めて715人しか居住していない村にとって、他市町では可能なボランティア等による高齢者・障害者自立支援は音威子府村にとって人的資源から言っても現実的に不可能である。全国一律的に厚労省が推し進めるこの地域包括ケアシステムを含む地域福祉施策は小規模自治体の人的資源、財政の側面から見て、実態的には地域福祉を地域に〈丸投げ〉しているに等しい。小規模自治体は地域福祉を住民の生活を守るために実施せざるを得ないが、実施することは財政的には確かに負担となる。自治体と村民の協働の知恵で乗り切るか、まったく放置するかの選択しかない。このときわの構想・建設と機能集約型地域福祉の推進は、村民と自治体との協働の知恵で構築したものであり、厚労省が共生社会の構築などと言わなくても、地域はすでに共生社会を実態として創り上げてしまっている。音威子府村の試みが他の小規模自治体の先導的モデルとなり得ると述べたのは、村民と行政協働による構想の構築、物理的距離のゼロ化という機能集約型施設の建設、この一連の過程で形成された共生社会という意味においてである。しかし増毛町の町民活動のところでも言及したが、音威子府村の共生社会は増毛町のそれよりも一歩進んで第2ステージの共生社会に入っている。

8. 小規模自治体における福祉施策の推進と
財政の展望——日本型福祉国家崩壊の危機との関連で

　本書では道北地域にある小規模自治体の増毛町、音威子府村の福祉施策の推進と財政の関係に焦点を当てた。道北地域という地理的制約があるにしても、小規模自治体という条件は全国約 1721 の中に含まれる多くの小規模自治体と共通性を有している。もちろん小規模自治体の成り立ちはそれぞれ特有の歴史を持っているが、増毛町と音威子府村が抱えている課題は歴史性（＝通時性）を超越して全国の小規模自治体の抱えているそれと共時性を有している。

1　人口減少と少子高齢化の同時進行

　増毛町、音威子府村の人口減少は現在進行形である。2045 年段階の人口推計値は増毛町が 1804 人、音威子府村のそれは 282 人である。〈このまま推移すると仮定すれば〉という条件付きである。両自治体は現在もそうであるが、移住を含めて子育て支援等様々の施策を実施している。これらの施策も規模の大小を問わず全国の自治体で実施している。しかし自治体の合計特殊出生率が上がったという事例は沖縄県を除いてはない。とは言え、これらの施策が解決の決定打ということにはならないが、時間的に人口減を遅速化させることは可能である。その事例はもちろん多々存在する。

2　小規模自治体における縮小という意味の産業構造の変動

　増毛町、音威子府村の産業はすでに分析したが、増毛町の主要な産業は漁業に関わる製造業と漁業それ自体、そして町民の消費を支える卸・小売業である。音威子府村は農業と林業である。いずれの自治体の産業も事業所数、就業者数が減少している。縮小という意味での産業構造の変動である。したがって労働市場も併せて縮小していく。その地域に仕事がなくなれば仕事のある地域に移動せざるを得ない。若年、壮年の生産労働力人口が減少するのであるから少子化も同時進行する。「まち・ひと・しごと創生法」（2014年）をつくって、全国の自治体に人口を増加させる創生計画をつくらせても、この負のスパイラルから全国の小規模自治体が抜け出すことはできないというのがこれまでの経緯であり現状である。

3　財政構造の脆弱化と福祉施策

　増毛町の財政構造、音威子府村のそれの分析を試みてみた。そこでの結論は自主財源が極端に少なく、ほとんどを依存財源に〈依存〉しているという事実である。地方交付税、国庫補助金を削減すれば、小規模自治体の財政が破綻するということを意味する。小泉内閣が実施した三位一体の改革（＝改悪）がいかに全国の小規模自治体にダメージというインパクトを与えたかである。約3,300あった自治体が合併せざるをえなかったということは周知の事実である。増毛町、音威子府村が合併しなかった、できなかったのはその町、村が抱える固有の理由はあろうが、本州と異なり地理的要因があったのではないかと推測される。もちろん本書で明らかにしたように、財政力指数が低く（＝弱く）、財政の脆弱な小規模自治体同士が合併しても将来の展望が見えなかったというのも事実であろう。そうであるとすれば、維持できるところまで自治体経営を推進するという途を選択したのかもしれない。

　人口が減少状況にあり、かつ財政状況が脆弱であっても、小規模自治体は町民、村民の命と生活を守る義務がある。前記したように、旭川市のような

中核都市と比較しても、小規模自治体の福祉施策の事業数はそれなりにある。増毛町と音威子府村を福祉施策の数で比較すると、後者の方がむしろ多いくらいである。国民健康保険、介護保険特別会計の分析で明らかにしたように、不足分については一般会計の地方交付税から繰り入れる。加えて、数多くの福祉施策に対して、国、道からの支出金、補助金は徐々に減額されてきている。今回の新型コロナウイルス対策において、国は約57兆円の支出を赤字国債で賄った。この約1160兆円超の赤字国債（＝債務）をだれが負担するのかという問題はいま置くとしても、国庫補助金、地方交付税の配分額の前途は厳しい。所得再配分に基づく日本型福祉国家の維持は、渋谷博史たちの著書の刊行が10年前とは言え、日本型福祉国家に関する危機意識が極めて希薄である。これに対して、二宮厚美たちの日本型福祉国家の持続性に対する危機意識とその要因分析は的を得ている。

4　地域共生社会形成の先取りによる小規模自治体の対応

　小規模自治体は町民、村民の命と生活の防衛を放棄することはできない。小規模自治体といえども増毛町役場、音威子府村役場は当該地域では最大の組織体であり、多くの有能な人材を抱えている。しかし自治体だけでは住民、村民の命と生活を守ることには限界がある。町民、村民自体の協力がなければ自治体の福祉施策のほとんどが遂行できないからである。

　前記したように小規模自治体は多大の努力を払って住民生活に不可欠の医療、介護福祉等に関わる予算を組む。限られた予算の中で選択肢は限定される。ここまでは自治体が、自治体がどうしてもできないところは町民、村民の力を借りる必要がる。小規模自治体では住民・行政が協働で命を、生活を守るということは普通のこととして行われている。これは厚労省が言う地域共生社会そのものである。前記した増毛町の町民活動団体マーシーの活動は行政との緊密な連携にもとづくまちづくりに、音威子府村のおといねっぷ安心生活構築研究会活動の提案が地域複合施設ときわに結実した。

　全国一律的に厚労省が推し進める地域包括ケアシステムを含む地域福祉は、

これまでの分析で明らかにしたように、小規模自治体の人的資源、財政の側面から見て、国が医療、福祉を地域に〈丸投げ〉しているに等しい。小規模自治体は、その町民、村民と行政との協働で〈丸投げ〉された〈球〉をかろうじて受けている。換言すれば、小規模自治体は町民、村民の生活を守るために、自治体と町民、村民の協働の知恵で乗り切っているというのが〈かろうじて受けている〉ことの実態である。厚労省が地域共生社会の構築などと言わなくても、地域はすでに地域共生社会を実態として創り上げてしまっているし、そうしないと小規模自治体は存立できないし、できなかったからである。

　厚労省が言う地域共生社会の構築は、かつて長野県泰阜村の松島村政が実施した、限られた予算の中で村役場ができる範囲の事業と、村民に依頼する事業を区分するというのが共生社会の先取りであった。宮本は福祉自治体、共生社会の支え合いを主張する。前者については多少とも財政的に福祉施策を維持できる範囲のことである。ここで摘出した共生社会は、支え合い自体で福祉財源の枯渇を乗り切るという段階であり、宮本の主張する共生社会から次のステージの〈共生社会〉に入っている[22]。

　これまで分析してきたように、厚労省は国ができる事業の範囲を財政難から縮小し、自治体に事業の多くを〈丸投げ〉する。もっと言えば、国家の社会保障・福祉領域からの撤退した部分を住民と自治体が協働で補完してきている。社会学の視点からこの事態を住民自治の、コミュニティの再生・再編・強化と言えるが、前記した自治体と住民に丸投げされたその〈球の重さ〉にどこまで耐えられるかである。耐えられないと考えた小規模自治体は泊原発に隣接する寿都町、神恵内村のように原発から出る廃棄物の埋立地区に立候補する。受け入れ自治体にとっては企業誘致も原発誘致、そして原発の廃棄物誘致も財源となるという意味ですべて等価である。短期・中期の財政的視点に限っていえば、町長、村長の判断を責めることはできない。むしろ重視すべきは、〈トイレなしマンション〉と揶揄されたまま事態を放置してきた国の原発政策であり、地方財政政策という構造的問題である。短期・中期の財政状況を見据えれば、増毛町、音威子府村が立候補してもなんら不思議ではない。限界点を超えれば、日本型福祉国家は瓦解する。すでにその限界

点に到達しつつあると筆者は考えている。そうであるが故に、二宮達が主張するように、〈福祉国家型財政〉への転換が急務となっている。

　但し筆者は二宮たちの演繹的マクロアプローチとは異なり、日本型福祉国家を構成する小規模自治体を福祉という視座から見たときに〈壊死〉に近づかんとしているその地点に足場を据えたい。そうであるとすれば、当面日本型福祉国家の瓦解を防ぎ、小規模自治体の福祉施策が少なくとも現状維持ひいては多少とも拡充するためには何が必要かである。これまで明らかにしたように、小規模自治体の産業が今後再生され、その結果労働市場が回復し、人口が増加し、併せて財政収入が増加するという正のスパイラルは期待できない。そのことを前提にして、第1段階として、小規模自治体の住民の福祉が現状の水準に維持され、その上で多少とも水準を上げるには財源的にどの程度必要なのかという視座を徹底する。帰納法的ミクロアプローチである。

　自主財源の増加が困難なのだから、依存財源の中の地方交付税額の現状維持を確保する。そう簡単ではないが、全国の 1721 － 85（不交付団体数）の自治体は地方交付税に依存する割合が大きいがために政府としてもおいそれと削減できないからである。削減させないためには全国の中・小規模自治体の連携が不可欠である。国庫支出金についても同様の働きかけで維持する必要がある。

　当面、中・小規模自治体が財源を確保するためには、国家財政の健全化を進めつつ、日本型福祉国家の正のスパイラルを回復する必要がある。おそらくここからは二宮達の分析・構想と重なってくる。つまり本当に福祉に回す財源がないのかの吟味である。

9. 日本型福祉国家崩壊の危機回避のプラン

---

1 社会保障・福祉をめぐる国家予算策定の問題

---

1) 厚労省内の予算配分の視点と国家予算全体の視点

　日本型福祉国家の危機回避の方法はないのか。このまま手をこまねいていれば、いずれ日本型福祉国家の崩壊は回避できない。しかし極めて困難ではあるが、危機回避の方法がないわけではない。国民の間でその痛みを互いに分かち合うことができれば不可能ではない。

　2020年度国家予算（当初）の一般会計歳出総額は 102 兆 6580 億円である。その内、社会保障費（当初）は 32 兆 6323 億円である。総歳出額に占める割合は、31.5％である。また総歳出額に占める国債は 32 兆 5562 億円、31.7％である。赤字国債依存を未だ脱却していない。

　厚労省の 2020 年度一般会計予算総額（当初）は 35 兆 8608 億円である。歳出予算総額とは異なるが、年金・医療・介護給付費で 28 兆 616 億円、78.25％を占めている。確かに毎年厚労省予算、とりわけ社会保障関連の予算の歳出圧力は強まっている。この事態が社会保障費予算の抑制を声高に叫ぶ要因となっている。つまり、年金・医療・介護給付費の増大に対応するため、保険料の値上げ、給付の抑制という政策は厚労省の予算の枠組みに限定すれば確かに合理性を持つ。医療・年金・介護各保険の世代間負担の均等化はあくまでも厚労省予算の枠組み内の論理である。1980 年代から強まってきた受益者負担原則も負担能力の範囲内であれば許されよう。しかし一方で保険料の値上げ、給付の抑制、他方で厚労省予算の枠組み内の配分という視点に拘泥

してこれらの施策を継続していけば、いずれ高齢者の負担能力を超過してしまう。高齢者それ自身のデフォルト宣言になる。高齢者の多くを生活保護で〈救済〉するのか。生活保護法改正の理念では救済ではなく〈自立支援〉であるが。そのようにならないためにどのような施策を企画立案するのかである。この事態は高齢者、障害者だけではなく、一般国民にもしわ寄せがいく。

2) 予算の組み替えの視座の導入

　国家財政は誰が見ても立ちいかなくなっている。1100兆円超の赤字国債をどのように解消していくのか。政府の子会社日銀が2020年5月時点で赤字国債を約500兆円超を保有している。上記したように、2019年度税収が前年度より増額したけれども（約63兆円の税収）、総予算額に占める赤字国債の割合は31.7％である。日本の財政構造は誰が見ても〈アリ地獄〉の様相を呈している。中央銀行が赤字国債を金融機関から購入（買いオペ）して市場に通貨を流すというアベノミックスは、結局国民につけが回ってくる可能性が大きい。世界の先進国でこのような中央銀行の赤字国債の発行額の40％を超える額を購入するという事態は、中央銀行の機能を逸脱している。これを常態化させて政府の債務を削減するという方法がまかり通るのであれば（実際には国の累積債務は削減されず、名目上の削減）、財源がないから高齢者、障害者に保険料の値上げ、給付の抑制をするという受益者負担を強制する必要はない。なぜなら、年金・医療・介護給付費の増大、その他の社会福祉費用の増大を赤字国債で補填し、その赤字国債を日銀が購入すれば政府の名目上の債務は増加しないという論理になるからである。日銀が政府に対する債権者になり、その額を今後とも増加させる事態がこれからも継続できるとは到底思えない。財政状況を見る国内・外の市場の目は今後ますます厳しくなるからである。

　経済の論理で言えば、長期にわたって歳入を増加して歳出を抑制し、その差額で政府の債務を削減する以外には赤字国債を解消していく手だてはない。令和の〈徳政令〉を実施するのであれば別であるが、そのようなことは政策の選択肢にはない。この経済の論理を前提条件におけば、労働者、高齢者等

に応分の負担を要請することは合理性を有する。しかし現状の予算策定の仕組みは、必要とする費用を各省庁がそれぞれ集約し、それを財務省に提出し（概算要求システム）、その概算要求を査定することにより本予算案とする。つまり各省の要求重視の積み上げ方式のシステムであるが故に、全体予算額の組み替えという視座はない。現時点で社会保障関連の予算が伸びていることもあり、厚労省予算を削減・抑制する圧力のみが強まっている。成長戦略に関連する予算、少子化対策予算が重視されるが、他省庁の予算を減額・抑制することによって社会保障、社会福祉に予算を組み替えるということではない。したがって、予算総額は増大し、税収で補填できないために赤字国債を発行する。まさに〈アリ地獄〉である。このことに政治家、官僚、経営者は短期的景気動向に目を取られ誰も責任を負おうとしない。前記した〈長期にわたって歳入を増加して歳出を抑制し、その差額で政府の債務を削減する〉ことに伴う予算の組み替えという単純な方策を取り入れない限り、赤字国債の垂れ流しは今後とも継続する。つまり巡り巡って労働者、高齢者、障害者等の貧困化の圧力は強まることはあっても弱まることはない。この事態を国家による労働者、高齢者・障害者等への虐待と揶揄することができる。

　これだけの債務を抱えた日本政府のデフォルト（財政破綻宣言）はあり得ないのか。確かに統計上外国機関投資家が保有している国債購入割合は 6.1％、約 61 兆円であり、外国機関投資家が投げ売りしてもそれほど影響はない。しかし国債の信用度が下落するのであるから、利率の上昇で政府が支払う額は途方もなく大きくなる。ちなみに 2020 年度歳出予算の公債費の利払い額は 8 兆 5458 億円である。

3) 赤字国債による労働者、高齢者、障害者等の貧困化抑制策

　前記した政府と日銀の赤字国債発行・購入の関係から言えば、高齢者の年金、医療、介護、あるいは他の福祉に関わる予算をすべて赤字国債で賄うというのは必ずしも途方もない方策ではない。デフレ脱却のために政府が発行した国債を日銀が市場で購入、市場への貨幣供給、景気浮揚という大義名分はあるにしても、日銀が政府の借金を肩代わりしていることには変わりはな

い。かつ外国機関投資家の国債保有率が 6.1 ％なのであるから、他のマイナスの影響を度外視すればデフォルトそれ自体は生じない。したがって論理的には、社会保障に関連する予算の増加分をすべてではないにしても赤字国債で賄うことは合理性を有する。このような主張は、赤字国債を持続的に発行し購入する現在の政府と日銀の関係から論じているのであって、社会科学を多少とも学んだものからすればあり得ない方法である。

2　大手企業の内部留保の福祉財源化

　安倍内閣は経団連に対して賃金の上げ幅を 3 ％にすることを要請している。労働者による春闘が〈国策春闘〉の観を呈している。しかし、国策春闘にもかかわらず、2017 年度において、賃金額は対前年度比大企業− 0.4 ％、中企業− 0.6 ％、小企業のみ＋ 0.9 ％である。この傾向は 2020 年度においても基本的に変わっていない。小企業のみプラスという解釈はそれほど困難ではない。小企業の雇用難から無理してでも賃金をアップしなければならない切羽詰まった状況にあることの現れである。3 ％程度の値上げ率では、現在の高税率、保険料等の負担で実際の労働者の手取り増額には結びつかない、という論には根拠がある。他方で大手企業は、賃金の支出抑制（労働分配率の増加抑制）に動く一方で、内部留保を増大させている。2020 年 3 月段階で 483 兆円に上っている。理由はいつものように〈経済の国内外の見通しが不確定〉という主張である。この論法は今後 100 年、200 年たっても通ずるものであり、半永久的なそれであって、何ら意味のない主張である。なぜならコロナ禍においても大企業の内部留保が積み上がっているからである。経営者側には労働分配率を上昇させる意図は全くないことの現れである。加えて、非正規労働者の増加による人件費抑制である。直近の労働力調査（総務省）結果によれば、2020 年 4 月〜 6 月の平均の経営者を除く雇用者総数は 5579 万人、非正規労働者数は 2036 万人、その割合は 36.5 ％である。非正規労働者数は対前年同月と比較して 88 万人の減少である。正規労働者数の対前年同月比較で言えば、30 万人増加している。景気動向がわずかではあるがプラスに転じ

ているために雇用者数の増加（労働市場参入）が顕著である。但し9月以降は
コロナ禍でマイナスに転じている。2020年4月～6月段階では正規労働者
数も増加したが、プラスの経済成長率を示していても、雇用される労働者の
55.5％は非正規労働者でるという事実である。労働市場の量的構造は改善さ
れていても、質的構造は改善されていない。この事態からすれば、内部留保
が増加していくことは必然である。この内部留保に対する課税は高齢者、障
害者、貧困層に関わる福祉施策の有力な財源となる。

3　法人税等の大幅減税の中止と福祉財源化

2013年度の段階で法人実効税率は37％であった。この時点では先進諸国
の税率と比較すると高率であったことは事実である。経団連等の強い要請も
あり、徐々に引き下げられ、2020年度の法人実効税率（国、地方）は29.74％
にまで引き下げられている。1％あたり約4700～5000億円の減税であるから、
この5年間で3兆4122億円～3兆6300億円の法人税減税になっている。こ
れが設備投資に回り、賃金の財源として回転すれば減税効果となるが、前記
したように労働分配率の抑制、非正規労働者の増加、内部留保の増加となっ
ており、企業内循環に留まっている。国家予算の約4.7倍にもなる内部留保
をこのまま放置する方が問題である。一定程度課税して福祉財源にする必要
がある。一方で内部留保が積み増され、他方でその事態が福祉予算に皺寄せ
されるというこの奇妙なジレンマを脱却するには、内部留保への課税が必要
である。企業がそれを回避したいのであれば、内部留保を設備投資の拡大、
労働分配率の増加、非正規労働者の正規化に転換する必要がある。そのこと
により、成長率の増加、所得税収入、法人税収入の各増加というプラスの循
環軌道に回帰すれば、福祉財源確保はある程度可能となる。

4　福祉予算の財源確保と福祉予算抑制の中止

全体的視座から各省の予算を組み替えていく必要があるということはすで

に言及した。ここでは前記した事項から、どのくらいの財源が確保できるのか。概算ではあるが計算をしてみた。

①法人税減税では、年5000億円として、この5年で3兆6300億円。

②福祉予算の抑制額、年5000億円、この3年で1兆5000億円、2020年度予算においても同様の措置が導入される。

③内部留保の金額部分約200兆円に29.74％（法人実効税率）の課税、59.5兆円。

これらを合計すると64兆6300億円、この額は2020年度の厚労省予算の約2年分に相当する。厚労省予算の毎年の増加額は約1兆円の範囲にある。仮に1兆円として計算すれば、64.63÷1＝64.63つまり64.63年分の自然増を補填することができる。高齢者が増加し、社会保障関連の財源の確保が困難であると声高に主張する官僚、政治家が多い。しかし、この主張は厚労省に配分される予算額にのみ着目する近視眼的見方である。各省庁に配分された予算額及びその中身を吟味したうえでの議論ではない。加えて法人税減税、福祉予算の抑制額、内部留保課税等を中止あるいは実施すれば、一定の財源確保ができることは前記したとおりである。更に言えば、下記の項目を実施すればより多くの福祉財源の確保が可能となる。

①累進課税の強化（＝富裕者層への課税強化）。

②大手企業の法人税の大幅減税を中止し、併せて少なくともまずは30％台前半に戻す。

③大手企業が内部留保の課税強化を回避したいのであれば、設備投資と賃金上昇に回させ、成長戦略に繋げる。

④各産業・団体等への国家支援という優遇策の段階的整理・縮小。

⑤非正規労働者を正規化することによる消費の拡大＝成長戦略に繋げる。そのためには少なくとも1986年の労働者派遣事業法に戻す等、労働法の改正を行う。

⑦消費税の福祉目的税としての厳格運用。

⑧輸出関連型企業への消費税還付金の廃止とその活用。

　　特に輸出関連企業への消費税の還付金のシステムは極めて不合理であり、廃止あるいは組替えて社会保障・福祉財源に活用すべきである。消

費税 8％の時に年間の還付総額は 4 兆 1000 億円もある。この額は消費税の約 2％に相当する。4 兆 1000 億円を 8 で除すると消費税 1％あたり 5125 億円の還付金になるが、現在は 10％なので還付金額は 4 兆 1000 億円＋ 5125 億円× 2 ＝ 5 兆 1250 億円になる。現実にトヨタ 1 社に約 3500 億円にも上る還付金が支払われている。しかも他方で法人税減税が行われており、大手企業は 2 重の恩恵に浴していることになる。輸出関連型企業への消費税還付金制度を廃止し、それを福祉財源に回すべきである。これは大手企業いじめとは無縁の提案である[23]。

⑨日本型福祉国家維持に必要な財源確保のために、厚労省以外の各省庁予算に対してシーリングを設定して（かつて実施したことがあるが）社会保障、福祉財源を捻出すべきである。各省庁は省益のために、多種多様な方法を使って予算の確保に奔走している。不要不急の政策が予算化されており、それらを洗い出させ財源の〈入り〉を拡大・確保する。

⑩経済成長による税収の増加は重要であることは確かである。しかしこれまでのように〈入り〉の拡大部分を成長戦略部分にのみ活用するのではなく、既にモラルハザードとも言ってもよい赤字国債の発行による累積債務の増加をストップさせ、財政健全化のための超長期計画策定に基づく赤字国債の削減を進める。

以上の隠れ財源の分析と提案を踏まえれば、消費税を上げる必要はなく、むしろ下げて消費者マインドをプラスに転換させて、経済の好循環の一つの契機とすべきであろう。そうすれば、北海道の辺境に位地する小規模自治体にも、住民生活を守る最後の砦となる福祉財源という〈血液〉を流すことができる。全国自治体約 1721 の多くを占める小規模自治体の住民生活を守ることにもなる。そうすれば、日本型福祉国家崩壊の危機を当面は回避することができる[24]。

注

1　武川論文の「福祉国家の日本レジーム」は非常に教えられる点が多い。福祉国家というよりも日本型福祉〈社会〉論である。この本が刊行されたのは2010年であるが、かなり遅れて刊行された。もちろん21世に入って我が国の財政赤字は悪化の一途をたどっていたから、武川論文もその事態を意識していたと考えられる。現時点で判断すれば、財政の悪化が社会的支出の抑制をより一層促進し、公共事業への支出は国土強靭化の名のもとむしろ拡大されている。他方で経済的規制緩和は進み、社会的規制の弱さはそのままである。

2　渋谷博史・櫻井潤・塚谷文武著『福祉国家と地域と高齢化』(2009、学文社)は、地方自治体の社会保障が地方交付税、国庫補助金等に基づく所得再分配により日本型福祉国家が機能していることを明らかにしている。その根拠を人口3万人規模の秋田県の鹿角市を一つの事例においている。鹿角市の事例は2007年の予算等に基づき分析されている。2007年の段階においても、赤字国債の累積債務は限界を超えており、国家財源の再配分(＝所得再分配)が持続的に継続することはありえない。受益者負担の強化が形を変えた地域包括ケアシステム、地域共生社会の提起等であることを日本型福祉国家からの縮小・撤退と考えれば説明できる。渋谷達の論はあまりにも楽観的である。この問題の解決を更なる令和の大合併で切り抜けることはいささか知恵不足である。これに対して、梅原英治「財政危機の原因と、打開策としての福祉国家型財政」(二宮厚美・福祉国家構想研究会編、2013、福士国家型財政への展開、大月書店)における財政危機の原因に関するマクロ分析はその打開策への指針と併せて極めて示唆に富む論文である。特に打開策のキーワードとして正規労働者の賃金層、非正規労働者の正規化による賃金増を基底において、それを抑制している企業の法人税率、人件費の削減(正規の非正規化への置換等)、内部留保の拡大というのが相互に連関しつつ本来企業が負担すべき経済的・社会的費用を国家と国民に転嫁していることが国家財政の悪化の一因になっているという指摘は極めて分かりやすい。但し地域社会は労働者間格差と地域間格差が2重構造化して立ち現れており、打開策としての法人税、所得税、資産課税あるいは相続税等の税制改革は2重構造という要素を加味して分析する必要がある。加えて財政難に喘ぐ小・中規模自治体にとって地方交付税は生殺与奪の意味と位置を持つ。梅原論文は小規模・中規模地方自治体の財政難をマクロの積算された統計から演繹的に問題点を指摘しているため(筆者はそのことを否定するのではなく、重視をし

たいが）、実際の自治体の現状を明らかにしているという意味ではリアリティに乏しい。マクロ分析と併せて地理的・産業構造的・人口の減少率等を加味して小・中規模自治体を選択し、それぞれの自治体の財政と福祉施策の実施の関連から得た実証データ（ミクロデータ）に基づく帰納的分析とマクロ分析を突き合わせて実態を明らかにすべきではないか。二宮を含めた本書の論調は新自由主義経済理論とそれに基づく各種施策の批判は徹底しているが、仮にそれを是としても、抜本的税制改革等により〈入り〉を増やし、〈出〉を削減し、かつ小・中規模自治体にとっては地方交付税の多くが福祉施策の財源になっている状況を踏まえれば、置かれた条件は異なるが、梅原が指摘する橋本内閣の政策的失敗の轍を踏まずに、一定の経済成長を維持しつつ社会保障費用確保し、かつ実質 1000 兆円を超える累積債務をどのように削減していくかの展望は必ずしも明確ではない。もちろん二宮達にそのことを求めるのはないものねだりかもしれないが。

3　宮本太郎は『共生保障―助け合いの仕組み―』（岩波書店 2010 年）のなかで、自治体は少子高齢化等の条件では福祉施策の実施で予算負担が大きくならざるを得ない、と主張する。その意味で逆説的言説である。

4　東京圏、大都市圏の核となる各大都市は今回の新型コロナウイルスによって都市構造的にいかに脆弱であるかを露呈した。大都市はそこに住む住民に対して快適な生活環境を提供する。他方で、地震等の天災に致命的弱さを持っていることは多くの専門家から指摘されてきた。今回の感染症については、もし大都市圏とりわけ東京圏で発生すれば、住民の密度からしても感染の拡大は予測された。2002 年のサーズ（筆者はその時に仕事で香港に滞在していたが）、マーズの流行の事実を、我が国の厚労省は他山の石としか見ていなかった。そのツケが大都市でのコロナウイルスの拡大により脆弱な構造を露わにした。

5　増田寛也たちの『自治体消滅』は確かに各自治体が無策に過ごせば子供を産める女性が半減するという主張は確かである。道北地域ではとりわけその危惧の念が強い。増田たちは人口増の目標を沖縄県の合計特殊出生率 1.8 に置く。ただその具体的手段は必ずしも明確ではない。しかしその提言は政府に「まち・ひと・しごと創生法」を立法化させた。その法に基づき、政府は全国の都道府県市町村に実現できるかどうかも曖昧な「まち・ひと・しごと創生計画」を策定させ、政府にとって〈出来の良い計画〉に多少予算付けをする競争原理を導入した。そこは全国総合開発計画時代から実施されてきた各自治体の総合計画とは異なるが、全国一律という意味では同様である。自治体にとってすでに総合計画があり、屋上屋を重ねるものであった。しかし策定しなければ地方交付税等を削減されるのではないのかという疑心暗鬼を生みだしたことである。

　増田たちの自治体消滅論の最大の欠陥は、東京圏への中枢管理機能の集積に伴う人口集中という不都合な真実に目をそらした議論だからである。したがっ

て中枢管理機能をどのように分散すべきなのかという議論を一切せず、というよりその議論に手を染めると、地域への人口移動に伴う人口増など不可能だということが明らかになるからである。また子どもを産み、育て、教育する環境への投資が先進国の中で最も低い位置にあり、それを改革することにも背を向けた議論である。そうであるが故に、各自治体が策定した創生計画推進で人口増を含むまちづくりに大きな成果を上げたという話は寡聞にして聞いたことがない。各自治体はまちづくりの総合計画を一貫して策定し、それにも基づきまちづくりを実施してきた。東川町の人口増という稀有な事例もその努力の成果であって、創生計画に起因するものではない。

6　東川町の水道料金は無料である。そもそも東川町は上水道を設置していない。東川町は大雪山国立公園に隣接し、旭岳連峰から流れる伏流水が豊かなために、それを各世帯が活用する、という稀有な事例である。また工業用水、農業用水としても利用している。もちろん無料である。東川町役場は各世帯に組み上げ用のモーター、その設置料金を施策として支援している。工場については地下水を汚染する可能性のある業種を誘致しない、という配慮がなされている。

7　ここでの地理的位置と交通体系については、調査に参加した旭川大学短期大学部学生（以下「短・学生」と略）中尾紗和執筆部分を一部修正・書き加えて掲載した。中尾紗和、2020、増毛町の概況、北島滋監修『増毛町における地域包括ケアシステムと実施の現状と課題―町民組織と行政協働の介護福祉施策の推進―』（2020年3月、旭川大学短期大学部北島研究室刊行）。

8　音威子府村が旧国鉄の交通の要衝地であったこと、それに伴い国鉄マンが多く居住し、彼ら国鉄マンが国鉄民営化に反対したために多くがJRに採用されなかったという歴史がある。この点については、鎌田哲宏「音威子府村の概況」（研究代表者鎌田とし子『北海道における「限界集落」の維持・再生に関する実証的研究』科学研究費補助金・学術研究助成基金助成金（基盤研究(B)）、旭川大学保健福祉学部）を参照。

9　『美術工芸』関連の起業がノウ・ハウの蓄積不足もあり、今後、村外の家具・デザイン関連の企業から専門家を招いて十分検討される必要がある。
　　高校生の出身地域は多様である。首都圏、札幌圏から入学しているが、残念ながら音威子府村からは皆無である。美術工芸の基礎を学ぶことから、家具、木製クラフト、そして美術ということもあり、卒業生の多くが進学する。就職する者は修得した家具製造技術・技能、デザインを活かして旭川市に立地する家具製造企業が比較的多い。音威子府村に残る卒業生はきわめてまれである。音威子府役場が構想するように、『美術工芸』関連の起業がノウ・ハウの蓄積不足もあり、今後、村外の家具・デザイン関連の企業から専門家を招いて十分検討される必要がある。

88

10 　この点については、北島滋、2018，2019、高齢者層の貧困化と社会保障制度の調整の失敗『旭川大学短期大学部紀要』(1) 48 号、(2) 49 号、旭川大学短期大学部を参照していただきたい。そこでは厚労省予算の毎年の増加が社会保障費、福祉予算であるため、〈削減せよ〉、〈抑制せよ〉という政治家、経済団体の圧力にさらされている。本論文では本当に財源はないのかという視座から、実際には〈ある〉という論を根拠に基づいて展開した。厚労省という一省庁の内部予算で見れば予算不足はその通りではあるが、省益にとらわれず、省庁を超えた予算枠組みに転換することも財源確保の一つであることを提起した。

11 　今回の新型コロナ対策に十分な予算措置が取れなかったのも、これまでの長期にわたる〈景気対策〉という名の放漫財政によって累積した赤字国債に負うところが大きい。また東京都以外の自治体財政の窮迫により十分かつ迅速な休業・市民生活支援の対策をとることができていない。今回の新型コロナ対策に十分な予算措置が取れなかったのも、これまでの長期にわたる〈景気対策〉という名の放漫財政によって累積した赤字国債に負うところが大きい。また地方交付税不交付団体である東京都以外の自治体は財政の窮迫により十分かつ迅速な休業・市民生活支援の対策をとることができていない。

12 　筆者は財政の門外漢ではあるが、地方交付税の財源は酒税 50%、所得税・法人税 33.1%、消費税 20.8%、地方法人税 100% から構成される。この中で比較的安定財源としては、酒税、消費税であろう。他の財源は景気によって左右される。この配分率の合計が地方交付税の総額であるが、総額の変動、財政政策の〈さじ加減〉そして配分される側の人口変動等の財政需要減によって、自治体側の見積もりに狂いが生じてくる。

13 　ここでの分析は、短・学生中尾紗和が執筆した「増毛町の産業構造の特質」を北島が大幅に加筆修正して掲載した。北島滋監修『増毛町における地域包括ケアシステムと実施の現状と課題―町民組織と行政協働の介護福祉施策の推進―』(2020 年 3 月、旭川大学短期大学部北島研究室刊行)。増毛町の歴史を漁業の視点から見れば、19 世紀末から 20 世紀の前半まで増毛町一帯は鰊漁で賑わった。しかし 20 世紀中盤から鰊の群来は途絶えてしまった。乱獲あるいは潮流、海温の変化が取りざたされている。鰊漁で成り立ってきた増毛町の産業構造は大きな変動をきたした。縮小再生産である。このような事態の推移の過程においても、鰊が去った後、増毛町民は養殖を軸とした漁業関連の仕事につきながら生計を立てていることが旭川大学の調査によって明らかにされている。この点については鎌田哲宏「増毛町の特性」(研究代表者鎌田とし子『北海道における「限界集落」の維持・再生に関する実証的研究』科学研究費補助金・学術研究助成基金助成金(基盤研究 (B))、旭川大学保健福祉学部)を参照。

14 　ここでの分析は、短・学生森莉菜が執筆した「増毛町の福祉の現状と福祉施策

の推進」を踏まえて北島が大幅に加筆修正した。北島滋監修『増毛町における地域包括ケアシステムと実施の現状と課題―町民組織と行政協働の介護福祉施策の推進―』（2020年3月、旭川大学短期大学部北島研究室刊行）

15　ここでの分析は短・学生市川篤との議論を踏まえ、北島が執筆した。

16　調査に参加した介護職に従事している鈴木澪生がデータを整理し、北島が執筆した。この介護保険特別会計については、音威子府村住民課保健福祉室室長の北川慎氏にお教えをいただき執筆したものである。

17　この特別会計の仕組みについては音威子府村住民課保健福祉室長の北川慎氏にお教えいただき執筆したものである。

18　「音威子府村第7期介護保険事業計画・高齢者保健福祉計画」（音威子府村住民課保健福祉室、2018年）については旭川大学保健福祉学部学生（以下「保・学生」と略）壽見琴美が分析・執筆した箇所を踏まえ、北島が大幅に加筆修正した。北島滋監修、2019、小規模自治体における地域包括ケアシステム推進の現状と課題―音威子府村を事例に―、北島研究室刊行に掲載。

19　この音安研については音威子府村役場総務課財政室のM氏からお教えをいただいた。感謝申し上げたい。

20　この建設に関する箇所については保・学生松隈奈々が担当し分析・執筆した。それに音威子府村役場総務課財政室から提供していただい資料に基づき北島が大幅に加筆修正した。松隈奈々の担当箇所は、北島滋監修、2019、小規模自治体における地域包括ケアシステム推進の現状と課題―音威子府村を事例に―、北島研究室刊行に掲載。

21　この「ときわ」の構造・機能・意味を執筆するにあたって介護職に従事している野原真由の執筆部分を参照し、北島が大幅に加筆修正した。図については野原が書いたものある。野原の原文は北島滋監修、2019、小規模自治体における地域包括ケアシステム推進の現状と課題―音威子府村を事例に―、北島研究室刊行に掲載。

22　住民・行政協働による施策の実施は、先駆的には長野県泰阜村の松島村政で取り入れられた。その後多くの中小規模の自治体に広がっていった。長野県で田中氏が知事になった2000年以降に松島村政が村民・行政の協働を主張した。その状況と論理は増毛町、音威子府村のそれと同様である。

23　この消費税の還付金の問題は2014年に筆者が所属していた「とちぎ地域自治研究所」の研究会で学習し、内国税とはいえ極めて不合理であり、是正すべきと考えていた。

24　このまとめの部分は、北島滋、2019、「高齢者層の貧困化と社会保障制度の調整の失敗(2)」『旭川大学短期大学部紀要』第49号、pp.9-12を加筆修正して転載した。

参考文献

武川正吾、2010、福士国家の日本レジーム『講座社会学 11 福祉』東京大学出版会

二宮厚美・福祉国家構想研究会編、2013、福士国家型財政への展開、大月書店

宮本太郎、2010、共生保障―支えあいの戦略―、岩波書店

北島滋、2019、「旭川家具」の差別化と道産材活用への回帰『ウッディエイジ』12 月号、北海道林産技術普及協会

北島滋、1998、開発と地域変動、東信堂

北島滋、2016、東川町の産業構造と労働市場の動態、研究代表者鎌田とし子『北海道における「限界集落」の維持・再生に関する実証的研究』科学研究費補助金・学術研究助成基金助成金（基盤研究（B））、旭川大学保健福祉学部

北島滋、2017、東川町の家具装備品産業の集積と家具製造業の経営動態『地域研究所年報』旭川大学地域研究所、第 38・39 合併号

増田寛也編著、2014、地方消滅、中央公論社

北島滋、2016、地域格差問題と地域再生の課題、庄司幸吉編『歴史認識と民主主義進化の社会学』東信堂

北島滋、2019、「高齢者層の貧困化と社会保障制度の調整の失敗 (2)」『旭川大学短期大学部紀要』第 49 号

三菱総合研究所、1983、中枢管理機能等高次都市機能の地域展開と都市の広域的機能連関に関する調査、三菱総合研究所

渋谷博・櫻井潤・塚谷文武著、2009、福祉国家と地域と高齢化、学文社

社会保障研究所編、1994、社会保障の財源政策、東京大学出版会

宮島洋・西村周三・京極高宣編、2010、財政と所得補償 2、東京大学出版会

著者紹介

北島 滋 (きたじま しげる)

1944年、北海道旭川市生まれ。
1968年、小樽商科大学商学部卒。
1976年、法政大学大学院社会科学研究科博士課程単位取得退学
1998年、社会学博士
現在、旭川大学短期大学部教授・宇都宮大学名誉教授

主要著作

『歴史認識と民主主義深化の社会学』(共著、東信堂、2016年)
『中小企業研究入門—産業・労働社会学的アプローチ』(共編著、文化書房博文社、
　2010年)
『高田保馬』(東信堂、2002年)
『開発と地域変動』(東信堂、1998年)、その他多数

迫りくる危機　『日本型福祉国家』の崩壊——北海道辺境の小規模自治体から見る

2021年2月25日　　初　版第1刷発行　　　　　　　　　　〔検印省略〕
　　　　　　　　　　　　　　　　　　　　　　定価は表紙に表示してあります。

著者ⓒ北島滋／発行者 下田勝司　　　　　　　　　　印刷・製本／中央精版印刷

東京都文京区向丘1-20-6　　郵便振替 00110-6-37828　　　　　　　　発 行 所
〒113-0023　TEL (03) 3818-5521　FAX (03) 3818-5514　　　株式 東信堂
　　　　　　Published by TOSHINDO PUBLISHING CO., LTD.
　　　　1-20-6, Mukougaoka, Bunkyo-ku, Tokyo, 113-0023, Japan
　　　　E-mail : tk203444@fsinet.or.jp http://www.toshindo-pub.com

ISBN978-4-7989-1672-9 C3036　ⓒ Kitajima Shigeru

刊行の辞

歴史の中の私、世界・社会の中の私、地球の上の私とは何か。
自分の立ち位置を常に想像できる人として生きることが、一生の存在
理由であり・目的だ。

以下の 11 点を念頭に「**東信堂ブックレット**」の性格を表現している。
 1、人間として普通に生きる。
 2、平和であることを価値とする。
 3、正義という価値を考える。
 4、平等という価値を考える。
 5、人間の権利を擁護する。
 6、他国を侵害せず、国際協力を考える。
 7、想像・判断の思考を妨げない。
 8、国家・行政は人々を守るためにある。
 9、民主主義を熟議する、争わない。
10、子ども、若者、老人の世代の共生を最大限に生かす。
11、共同、協働、協同の途を探し出す。

以上の宣言に新しい宣言を付け加えていくブックレット。

（2021 年 1 月）

東信堂

書名	著者	価格
海外日本人社会とメディア・ネットワーク ——バリ日本人社会を事例として	松本行裕編著 今野裕昭 吉原真里	四六〇〇円
移動の時代を生きる——人・権力・コミュニティ	西原和久監修 大原直樹監修	三二〇〇円
国際社会学の射程 国際社会学ブックレット1 ——日韓の事例と多文化主義再考	芝原真里編訳 吉原直樹監修	二二〇〇円
国際移動と移民政策 国際社会学ブックレット2 ——社会学をめぐるグローバル・ダイアログ	西山真似編著 有田伸編著 西原和久編著	一〇〇〇円
トランスナショナリズムと社会のイノベーション 国際社会学ブックレット3 ——越境する国際社会学とコスモポリタン的志向	西原和久	一三〇〇円
現代国際社会学のフロンティア 国際社会学ブックレット4 ——アジア太平洋の越境移動者をめぐるトランスナショナル社会学	西原和久	一一〇〇円
北欧サーミの復権と現状 先住民族の社会学1 ——ノルウェー・スウェーデン・フィンランドを対象にして	小内透編著	三九〇〇円
現代アイヌの生活と地域住民 先住民族の社会学2 ——札幌市・むかわ町・新ひだか町・伊達市・白糠町を対象にして	小内透編著	三九〇〇円
白老における「アイヌ民族」の変容 ——イオマンテにみる神官機能の系譜	西谷内博美	二八〇〇円
園田保健社会学の形成と展開	山手茂編著 須田木綿子編著	三六〇〇円
社会的健康論	園田恭一	二五〇〇円
保健・医療・福祉の研究・教育・実践	園田恭一編	三四〇〇円
研究道 学的探求の道案内	米林喜男監修 山田昌弘 黒川正吾・武川正吾 平岡公一監修	二八〇〇円
福祉政策の理論と実際（改訂版）福祉社会学研究入門	平岡公一 三重野卓編	二五〇〇円
認知症家族介護を生きる ——新しい認知症ケア時代の臨床社会学	井口高志	四二〇〇円
迫りくる危機『日本型福祉国家』の崩壊 ——北海道辺境の小規模自治体から見る	北島滋	一〇〇〇円
分断都市から包摂都市へ：東アジアの福祉システム全	全泓奎編著	三二〇〇円
東アジア都市の居住と生活：福祉実践の現場から	全泓奎編著	二八〇〇円
東アジア福祉資本主義の比較政治経済学 ——社会政策の生産主義モデル	メイソン・キム著 阿部・全 箱田監訳	二六〇〇円
東アジアの高齢者ケア——国・地域・家族のゆくえ	須田木綿子編著 平岡公一編著 森川美絵編著	三八〇〇円
対人サービスの民営化 ——行政・営利・非営利の境界線	須田木綿子	二三〇〇円

〒 113-0023　東京都文京区向丘 1-20-6　　TEL 03-3818-5521　FAX03-3818-5514　振替 00110-6-37828
Email tk203444@fsinet.or.jp　URL:http://www.toshindo-pub.com/

※定価：表示価格（本体）＋税

東信堂

【コミュニティ政策叢書】

日本コミュニティ政策の検証
——自治体内分権と地域自治へ向けて　山崎仁朗編著　四六〇〇円

高齢者退職後生活の質的創造
——アメリカ地域コミュニティの事例　加藤泰子　三七〇〇円

原発災害と地元コミュニティ
——福島県川内村奮闘記　鳥越皓之編著　三六〇〇円

自治体行政と地域コミュニティの関係性の変容と再構築
——「平成大合併」は地域に何をもたらしたか　役重眞喜子　四二〇〇円

さまよえる大都市・大阪
——「都心回帰」とコミュニティ　鯵坂学・徳田剛・西村雄郎・丸山真央編著　三八〇〇円

地域のガバナンスと自治
——平等参加・伝統主義をめぐる宝塚市民活動の葛藤　田中義岳　三四〇〇円

地域自治の比較社会学——日本とドイツ　山崎仁朗　五四〇〇円

米国地域社会の特別目的下位自治体
——生活基盤サービスの住民参加実際のガバナンス　前山総一郎　三六〇〇円

住民自治と地域共同管理　中田実　三四〇〇円

【地域社会学講座　全3巻】

地域社会学の視座と方法　似田貝香門監修　二五〇〇円

グローバリゼーション/ポスト・モダンと地域社会　古城利明監修　二五〇〇円

地域社会の政策とガバナンス　矢澤澄子監修・岩崎信彦　二七〇〇円

【シリーズ防災を考える・全6巻】

防災の社会学[第二版]
——防災コミュニティの社会設計へ向けて　吉原直樹編　三八〇〇円

防災の心理学——ほんとうの安心とは何か　仁平義明編　三〇〇〇円

防災の法と仕組み　生田長人編　三〇〇〇円

防災教育の展開　今村文彦編　三三〇〇円

防災と都市・地域計画　増田聡編　続刊

防災の歴史と文化　平川新編　続刊

〒113-0023　東京都文京区向丘1-20-6　TEL 03-3818-5521　FAX03-3818-5514　振替 00110-6-37828
Email tk203444@fsinet.or.jp　URL:http://www.toshindo-pub.com/

※定価：表示価格（本体）＋税

東信堂

〒113-0023　東京都文京区向丘1-20-6　TEL 03-3818-5521　FAX03-3818-5514　振替 00110-6-37828　Email tk203444@fsinet.or.jp　URL:http://www.toshindo-pub.com/

※定価：表示価格（本体）＋税

東信堂

（シリーズ　社会学のアクチュアリティ：批判と創造　全12巻）

- クリティークとしての社会学——現代を批判的に見る眼　西原和久・宇都宮京子編　一八〇〇円
- 都市社会とリスク——豊かな生活をもとめて　浦野正樹編　二〇〇〇円
- 言説分析の可能性——社会学的方法の迷宮から　佐藤俊樹編　二〇〇〇円
- グローバル化とアジア社会——ポストコロニアルの地平　友枝敏雄・山田真茂留編　一三〇〇円
- 公共政策の社会学——社会的現実との格闘　武川正吾・三重野卓編　一〇〇〇円
- 社会学のアリーナ——21世紀社会を読み解く　厚東洋輔編　二二〇〇円
- モダニティと空間の物語——社会学のフロンティア　吉原直樹編　二六〇〇円
- 戦後日本社会学のリアリティ——せめぎあうパラダイム　新原道信・斉藤日出治・池岡義孝編　二六〇〇円

【地域社会学講座　全3巻】

- 地域社会学の視座と方法　似田貝香門監修　二五〇〇円
- グローバリゼーション／ポスト・モダンと地域社会　古城利明監修　二五〇〇円
- 地域社会の政策とガバナンス　矢澤澄子・岩崎信彦監修　二七〇〇円

（シリーズ世界の社会学・日本の社会学）

- タルコット・パーソンズ——最後の近代主義者　中野秀一郎　二七〇〇円
- ゲオルグ・ジンメル——現代分化社会における個人と社会　居安正　二五〇〇円
- ジョージ・H・ミード——社会的自我論の展開　船津衛　一八〇〇円
- アラン・トゥーレーヌ——現代社会のゆくえと新しい社会運動　杉山光信　一八〇〇円
- アルフレッド・シュッツ——社会的時間と主観的時間　森元孝　一八〇〇円
- エミール・デュルケム——再建後の時代の社会学　岩城完之　一八〇〇円
- レイモン・アロン——危機の時代の透徹した警世家　吉田浩　一八〇〇円
- フェルディナンド・テンニエス——ゲマインシャフトとゲゼルシャフト　澤井敦　一八〇〇円
- カール・マンハイム——時代を診断する亡命者　園部雅久　一八〇〇円
- ロバート・リンド——アメリカ文化の内省的批判者　鈴木富久　一八〇〇円
- アントニオ・グラムシ——『獄中ノート』と批判社会学の生成　佐々木衛　一八〇〇円

- 福武直——民主化と社会学の現実化を推進　蓮見音彦　一八〇〇円
- 戸田貞三——実証社会学の軌跡・家族研究　川合隆男　一八〇〇円
- 高田保馬——理論と政策の無媒介的統一　北島滋　一八〇〇円
- 米田庄太郎——綜合社会学の探究　中久郎　一八〇〇円
- 新明正道——新総合社会学の先駆者　山本鎮雄　一八〇〇円
- 奥井復太郎——都市社会学と生活論の創始者　藤田弘夫　一八〇〇円
- 費孝通——民族自省の社会学　佐々木衛　一八〇〇円

〒113-0023　東京都文京区向丘1-20-6　TEL 03-3818-5521　FAX03-3818-5514　振替 00110-6-37828
Email tk203444@fsinet.or.jp　URL:http://www.toshindo-pub.com/

※定価：表示価格（本体）＋税

東信堂

		円
「居住福祉資源」の思想——生活空間原論序説	早川和男	二九〇〇円
検証 公団居住60年 ——《居住は権利》公共住宅を守るたたかい	多和田栄治	二八〇〇円
〔居住福祉ブックレット〕		
居住福祉資源発見の旅 …新しい福祉空間、懐かしい癒しの場	早川和男	七〇〇円
どこへ行く住宅政策…進む市場化、なくなる居住のセーフティネット	本間義人	七〇〇円
漢字の語源にみる居住福祉の思想…健康住宅普及への途	李桓	七〇〇円
日本の居住政策と障害をもつ人	山加伊大本藤中藤本 本藤里直秀静圭 見人樹美野	七〇〇円
障害者・高齢者と麦の郷のこころ…住民、そして地域とともに	水月昭道	七〇〇円
地場工務店とともに	吉田邦彦	七〇〇円
子どもの道くさ	黒田睦子	七〇〇円
居住福祉法学の構想	高島正夫	七〇〇円
奈良町の暮らしと福祉…市民主体のまちづくり	中澤正夫	七〇〇円
精神科医がめざす近隣力再建 …進む「子育て」砂漠化、はびこる「付き合い拒否」症候群	片山善博	七〇〇円
最下流ホームレス村から日本を見れば…鳥取県西部地震と住宅再建支援	ありむら潜	七〇〇円
世界の借家人運動…あなたは住まいのセーフティネットを信じられますか？	張柳善秀権 萍	七〇〇円
「居住福祉学」の理論的構築	早川和男	七〇〇円
居住福祉資源発見の旅Ⅱ	早川和男	七〇〇円
居住福祉の世界…早川和男対談集	金持伸典	七〇〇円
医療・福祉の沢内と地域演劇の湯田 …岩手県西和賀町のまちづくり	高橋典成	七〇〇円
「居住福祉資源」の経済学	山下千佳	七〇〇円
長生きマンション・長生き団地	神野武美	七〇〇円
高齢社会の住まいづくり・まちづくり	代崎千力	八〇〇円
韓国・居住貧困とのたたかい…居住福祉の実践を歩く	蔵田力	七〇〇円
シックハウス病へのたたかい…その予防・治療・撲滅のために	後藤泰田泓奎郎	七〇〇円
精神障碍者の居住福祉 …宇和島における実践（二〇〇六〜二〇一一）	全国迎協法人光会編	七〇〇円

〒 113-0023　東京都文京区向丘 1·20·6　　TEL 03·3818·5521　FAX03·3818·5514　振替 00110·6·37828
Email tk203444@fsinet.or.jp　URL·http://www.toshindo-pub.com/

※定価：表示価格（本体）＋税